不急不躁

好妈妈调教孩子的100个心理细节

BUJI BUZAO

杨敬敬 / 编著

成都时代出版社
CHENGDU TIMES PRESS

图书在版编目（CIP）数据

不急不躁，好妈妈调教孩子的 100 个心理细节 / 杨敬敬编著 . -- 成都 : 成都时代出版社，2018.8
ISBN 978-7-5464-2094-3
Ⅰ . ①不… Ⅱ . ①杨… Ⅲ . ①儿童心理学 Ⅳ . ① B844.1
中国版本图书馆 CIP 数据核字（2018）第 100483 号

不急不躁，好妈妈调教孩子的 100 个心理细节
BUJI BUZAO HAOMAMA TIAOJIAO HAIZI DE 100 GE XINLI XIJIE

杨敬敬　编著

出 品 人	石碧川
责任编辑	陈德玉
责任校对	李 航
装帧设计	范 磊
责任印制	唐莹莹
出版发行	成都时代出版社
电 话	（028）86618667（编辑部）
	（028）86615250（发行部）
网 址	www.chengdusd.com
印 刷	三河市祥达印刷包装有限公司
规 格	710mm×1000mm 1/16
印 张	16
字 数	200 千字
版 次	2018 年 8 月第 1 版
印 次	2018 年 8 月第 1 次印刷
印 数	1-8000
书 号	ISBN 978-7-5464-2094-3
定 价	39.80 元

"知子莫若母"，母亲和儿女的关系犹如月亮和星星，幼苗与土壤一样亲密。对于任何人来说，他的第一接触人就是母亲。更有一些教育专家说："母亲是孩子的第一指导者，在家庭教育中的作用至关重要。"青年数学家袁亚湘回答"谁对他的成才有重要影响时"，他说："我的母亲"；2012 年诺贝尔文学奖获得者莫言发表获奖感言时说："是我的母亲影响了我的一生"；李开复亦说"成功来源于母亲的教诲"……不管在公众场合还是在自传中，很多名人都表达了"母亲对于自己一生的重要性"。

"妈妈"，是世间最温情的词语。从孕育胎儿开始，妈妈对于事物的态度就在潜移默化中影响着孩子。孩子出生后，妈妈便自然而然地成为孩子人生中的第一个指导者。由此可见，妈妈对于孩子的影响是举足轻重的。那么，作为妈妈，该如何和孩子相处呢？怎样把握孩子的成长心理呢？怎样看透孩子变幻莫测的情绪呢？对于一个妈妈来说，要想掌控好这一点，就必须了解孩子的真实心理，掌握孩子的心理变化。

如今，教育界的很多名人都在呼吁："教育者应当深刻了解正在成长的人的心灵。"在教育孩子方面，了解孩子的心理有着十分重要的意义，一是能让妈妈了解孩子的当下需求，二是能洞察孩子的心理是否健康。

在生活中，孩子的行为经常让大人摸不清门道，不知是哪种心理在起作用。比如，原本听话乖巧的宝贝，突然变成专和妈妈作对的"拧巴人儿"；一向和妈妈无话不说的女儿，突然有了自己的"小秘密"；一向爱笑的儿子，不知道因为什么整日看起来都闷闷不乐；纯真无邪的孩子，不知从什么时候起开始学会了撒谎；孩子自从上学后，成了贪玩、爱欺负人的"小霸王"……孩子在成长过程中，会出现很多让妈妈无法理解甚至惊诧的行为，如果此时不及时引导，对孩子日后的成长和发展就会造成不可估量的影响。如何引导，如何察觉，这就要从细节说起了。

有句俗语叫"灯下黑"，引申为人们不容易察觉近身发生的事情。这在教育孩子的过程中同样存在。孩子的一举一动恰恰就代表着他们当下的心理细节反应，代表着他们的性格、态度等，有些父母却因为无法及时察觉甚至是"视而不见"而错过了最佳教育期，进而耽误了孩子的发展。

孩子为什么会有这样的举动？孩子为什么会这样想？孩子出现问题，妈妈该怎么办？为什么他们会和你有那么深的代沟？其实，一切行动上的抗衡都来源于心理上的对峙。孩子不懂你的苦口婆心，你也不懂他的心理需要。为了不让妈妈们在猜测孩子心理的路上迷茫、困惑、无助，我们编撰了《不急不躁，好妈妈调教孩子的100个心理细节》这本书，旨在为希望了解孩子心理的父母提供一些解答和指导。

书中介绍了大量心理学的理论知识，寓深刻于浅显，让妈妈们能够一看即懂，一读就会用。另外，本书精选了大量的生活事例，给妈妈提供更具体的方法参考。汇聚种种，本书的目的只有一个——让所有的妈妈从心理细节上更好地教导自己的孩子；让所有的亲子关系更加融洽，家庭氛围更加美满。

目录
contents

第1章
走进孩子的世界，读懂孩子的心思

第2章
叛逆不是孩子的错，不急不躁的育子心得

第3章
与孩子心有灵犀，好妈妈沟通无障碍

第4章
情绪管理，帮孩子消除内心的阴影

第5章
克服社交中的心理障碍，让孩子学做一个社会人

第6章

培养坚强的性格，让孩子有个勇敢的内心

第7章

品行塑造，让孩子有一个更富足的内心世界

第8章
解决孩子学习中的心理问题

第9章
成长比成功重要：孩子成长的心理定律

第10章
子不教，母之过：好妈妈要注意的教育心理

第1章

走进孩子的世界，读懂孩子的心思

和孩子相处，一味地端着为人父母的架子是行不通的，这样只会让孩子离我们越来越远，父母要想和孩子亲近，必须要走进孩子的内心世界，才能真正了解孩子在想什么。只有这样，才能针对他的思想进行教育，这样的教育才是成功的。

✿ 先懂孩子，再懂教育：了解孩子的心理需求

苏联著名教育学家苏霍姆林斯基说："在没有明智的家庭教育的地方，父母对孩子的爱只能使孩子畸形发展。这种变态的爱有许多种，其中主要有娇纵的爱、专横的爱、赎买式的爱。"

毫无疑问，天下最爱孩子者莫过于父母了，但是如果说"父母的爱都是理智的、正确的"，这恐怕就不能肯定了。相信很多妈妈也有这样的困惑："我给他吃好的，穿好的，玩好的，一切都紧着好的来，生怕他受一丁点儿委屈……可当我用心地做完之后，孩子还是会时不时地出现这样那样的问题。我做了一切可以做的，但是不觉得自己有多'高明'。"妈妈有这样的困惑很正常，原因就是妈妈一直站在自己的角度上考虑问题，而从没有站在孩子的角度上考虑过孩子的真正需要。

华罗庚先生曾经说过："把一个比较复杂的问题'退'成最简单、最原始的问题，把这最简单、最原始的问题想通了、想透了，然后再来一个飞跃上升。"这句话虽然原是对学生学习上的指导，但拿来进行家庭教育也很实用。对疼爱孩子的妈妈而言，与其费尽心思琢磨怎样给予孩子爱，倒不如将自己"退"到孩子的年纪上，站在孩子的角度上想想处于儿童阶段的孩子想要的是什么。

当妈妈能够切实地以一个孩子的视角看世界的时候，你会发现除了衣、食、住、行，孩子最需要以下几种心理需求。

首先，被爱的感觉。要让孩子感觉到你无处不在的爱，被爱是孩子最基本的情感需求，能使孩子感到幸福和安全。这就提示妈妈，爱孩子不要只表现在行动上，爱要"说"出来。说出来的"爱"会让孩子有更直观的

感受。

其次，安全感。如孩子缺乏安全感，他是无法与他人建立真挚感情的，将来很有可能成为一个冷漠的人。让孩子对外界有安全感，妈妈就要做孩子第一个值得信任的人，要言而有信，答应的事应该尽最大可能实现。比如，答应周末陪孩子去动物园，那么就不要再安排没完没了的工作；答应孩子送他生日礼物，千万不要在那天得了"失忆症"。

有一则妈妈教育孩子的故事。妈妈让 4 岁的孩子站在凳子上往下跳，并告诉孩子妈妈会接着，所以孩子不用害怕会受伤。孩子连跳了两次，妈妈都接住了，孩子毫发无损并且乐趣无穷。当孩子第三次跳的时候，妈妈没有伸出双臂，对孩子说："这次我不会接住你，但你必须往下跳，你会重重地摔到地上。我要让你知道，以后的路很长，处处布满荆棘，你不能轻信别人。"儿子吓得脸色都变了，眼里开始泛起泪光。母亲又严厉地说："我要给你个教训，让你记住，即使我是你的妈妈，你也不能完全信任我。现在就往下跳吧！必须跳！"孩子听着妈妈严厉的呵斥，含着眼泪，颤抖着双腿，闭着眼睛跳了下去。谁知，他并没有像想象中那样摔在地上，而是稳稳地落在了妈妈的怀中。孩子睁开眼睛，看着妈妈慈祥的脸，妈妈温柔地说："孩子，我要让你知道，虽然世间险恶，但仍然有很多人、很多事值得我们去信任，尤其是你最亲近的人。"

安全感不仅来自对别人的信任，还来自自信。有自信的孩子，敢于探索周围的世界，学习新事物，能够在平等的位置上和他人交流。

再次，孩子需要一种规则。可能在父母的眼中，孩子喜欢的是无拘无束，不喜欢有人管着自己。但实际上，对于一个刚来到世界上不久、对很多事物都还缺乏了解的孩子来说，规则就像是一栋房子的墙壁，它规定了生活的界限及广度。只有让孩子知道什么是可以期待的事，他才会觉得舒适自在。所以规则是安全感的来源，规则的建立可以给孩子提供自由成长的顺序感。因此，妈妈可以放心大胆地给孩子"设限"，给孩子设置一些符合常规的、社会认可的限制，这同时也是给孩子传授融洽地与社会相处的本领。

最后，孩子还需要新的学习经验。对于孩子来说，受到无微不至的照顾并不是他们的意愿。相反，不断地探索、接触新的事物，学习新的本领，对他们来说才是一种迫切的心理需要。假如妈妈事事包办，孩子就无法成长、发展，当然也不会感到快乐。

除此之外，孩子的内心需要还包括得到别人的尊重、平等地和他人相处、隐私得到保护等。

很多妈妈将自己对孩子的教育看作是一场"拔河"比赛，必须和对方反着来。实际上，真正良好的教育，是妈妈和孩子站在一条船上，体会孩子的需要，给予其正确的引导和帮助。

❋❋ 弄明白孩子在想什么，是教育真正的开始

对于妈妈来说，教育的前提是了解。只有充分了解了孩子的内心想法，才能够作出有针对性的措施。

临近春节，玲玲妈妈、小姨要带玲玲和妹妹到集市上去，走之前，妈妈对兄妹俩"约法三章"：不能要钱买新衣服，不能要钱买零食，不能到处乱跑。

玲玲一心想去市里的书店看书，就一口答应了。一向爱吃、爱穿、爱玩的妹妹，却一再要求妈妈不要跟她约定第一条。妈妈不同意，妹妹要赖皮，小姨只得在一旁劝她。

时间快到了，妹妹还不同意，小姨只得说："小女孩就是要漂漂亮亮的，可是那些卖衣服的人，看到小孩哭闹着要衣服，会把衣服的价格提高的。"

"那我不哭着向妈妈要衣服了。"妹妹揉着眼睛，笑着说。

小姨看到妹妹同意了，让妹妹赶快进屋换衣服。

"我们走，你留在家里。"妈妈对已经换好衣服的妹妹说。

小姨忙说："小不点已经答应我不向妈妈要新衣服了。"

"我要她自己对我说，要是不听话，过年的压岁钱也不给了。"妈妈严肃地说。

"你快向妈妈做保证。"小姨劝妹妹。

妹妹赌气说："我就是要买，不买新衣服，我去集市干什么？"说完，她头也不回地回了房间。

"这孩子，不是说好了，怎么说变就变？"小姨不解地说。

妈妈说："她哪里是同意了？她答应你的时候，是不是在用手揉眼睛，还把脸侧过去？这说明她没有真同意。"

小姨惊讶地说："好像是这样的，你怎么知道？"

玲玲妈妈笑着说："自己的孩子，平时高兴时是什么样、生气时是什么样，怎么会不知道。"

真正了解孩子的意图，这就要求妈妈不仅要听懂孩子的"言中意"，也要读懂孩子的"肢体语言"。只有这样，你才能够猜透孩子的真正想法是什么，什么时候他说的是真话，什么时候说的是为了达成某种目的的假话。

在和孩子沟通时，妈妈要随时注意孩子的身体信号，体察他的心理反应，并根据他的心理反应采取相应的举措。值得注意的是，在教育孩子时，一旦发现孩子有排斥谈话的举动，妈妈就应该适当地停止，让孩子平复一下情绪，或者是换一种教育方式进行。

妈妈教育孩子，要善于洞察他的内心世界，了解他的内心需求，知道他心里在想什么。只有掌握了这些，你说出的每一句话，才能真正打动他的心。

✱✱ 给孩子一个解释的机会，并进行有效引导

　　每个孩子都是独立的个体，他们有自己的想法，并期望有人能够理解并支持他们的想法和行动。由此，当孩子犯错之后，妈妈不要急着训斥，而是应该给孩子一个解释的机会，尊重孩子说话的权利，倾听孩子的心声，然后再进行有效地引导。

　　小军有段时间上学总是迟到，老师为此让小军叫家长来学校。

　　妈妈知道了小军的表现后，心里非常着急。放学回家后，妈妈把小军叫到客厅，想要问他迟到的原因。小军知道自己做错了事情，低着头，一步一步从卧室走到客厅，走到和妈妈有一大段"安全距离"后停了下来，依旧低着头。这一切行为动作，妈妈都看在眼里，本来还想稍微给孩子一些"警告"，此时妈妈改变了想法，她想听听小军的解释。

　　妈妈笑着问小军："儿子，你告诉妈妈，你每天都是按时去学校的，为什么你早早地出去，却总是迟到呢？"

　　早就准备好了挨妈妈一顿骂的小军，听到妈妈这么问，先是愣了一下，然后跟妈妈说："我早上出去，看到河边的日出特别美，结果看着看着就忘了时间，所以就迟到了。"

　　小军妈妈听儿子说完，笑了笑。

　　第二天一早，妈妈就跟儿子来到河边，看着那喷薄而出的朝阳，妈妈感叹道："儿子，真是太美了，妈妈好久都没有见到这么美的日出了，儿子，谢谢你！"

　　这天，小军上学没有迟到，妈妈把他送到了学校。

放学回家，小军看到自己卧室的桌子上有一块可爱的卡通手表，下面还有张纸条，上面写着："因为有那么美的日出，我们更应该珍惜时间，珍惜学习机会，对吗儿子？"

从此以后，小军上学再也没有迟到过，学习也比以前更加积极了。

给孩子解释的权利，是妈妈对孩子的尊重，也是妈妈走进孩子内心的机会。在教子过程中，妈妈要多一些耐心，不急不躁，在发怒、训斥之前听听孩子的想法，找到问题的症结所在，然后进行有效地引导。这样一来，不仅能够建立和谐的亲子关系，还更加有利于孩子的健康成长。

对妈妈来说，孩子的心是最难揣摩和看透的，因为父母并不知道孩子的真实意图，所以在交流时，就会出现种种障碍：孩子要么不吐露自己的真心话，要么拒绝和父母交谈。

正确解读孩子的内心，就需要妈妈鼓励孩子开口，让孩子自由表达内心的感受，而不是一味地批评和指责。对于正确的想法，妈妈要及时给予赞赏；对于错误的想法，要给予有效地引导。如此，教育才会起到正面的作用，孩子才愿意和父母交流，愿意听从父母的教导，改正错误，积极向上。

❋❋ 授权，给孩子一个自己做主的机会

几岁到十几岁的孩子，大都以"自我"为中心，如果妈妈不能及时体察他们的内心世界，不懂得尊重他们的自主要求，只是按照自己的想法为他们安排生活和学习上的一切，就很有可能把孩子变成一个"优柔寡断、没有主见"的人，或者是激起孩子的叛逆心理，不愿意和妈妈作过多的交流。相反，聪明的妈妈都懂得授权，给孩子"自己做主"的机会。

　　舟舟是个很可爱的女孩，也很有自己的想法。舟舟说："我已经4岁了，不再需要别人告诉我该做什么、该怎么做，我想自己做主，掌握一切事情。""妈妈要我上床睡觉时，可我不想睡，有一个好办法可以拖延时间，比如不断提出问题，妈妈没回答完，我就不必睡觉。"舟舟希望自己控制睡觉前的活动，于是会选择性地要求妈妈讲故事、唱儿歌给她听，陪她在被窝里待一会儿，或者再回答她一个问题等。

　　当妈妈满足其种种要求后，准备离开她的房间时，舟舟又会提出"最后一个"问题。而这个"最后"的问题常常不止一个。于是，如何让可爱的女儿上床睡觉成了妈妈最头疼的问题。

　　舟舟的这种表现就是这个年龄段孩子要求自主的外在反映，是孩子要求妈妈接受自己意见的方式。随着年龄的增长，孩子能从环境中慢慢地体会到"权利"的存在，也相信自己有运用"手段"的能力，如利用提问题的方式规避睡觉——在这种情况下，她感觉到自己的权利受到了肯定，甚至感觉到妈妈对自己的重视和无奈，而这一过程是孩子非常享受的。妈妈对孩子的这种"自主"的要求，应该感到开心才对。毕竟，要培养出一个有主见、有判断力、有责任感的孩子，前提是妈妈必须懂得在可接受范围内，给予孩子自己做主的权利。

　　孩子要求发表意见、要求自主的意识是随着年龄的增长越来越强烈的，妈妈要给予孩子的是尊重，给他发表意见的机会，而不能压制。为此，妈妈还需要做到以下几点：

1. 尊重孩子的人格和自我意识

　　妈妈要把孩子看作是一个独立人，他们有权发表自己的意见，不必过多地限制。家庭生活中出现的一些问题，要让他们去尝试，自己去判断、思索、体验。当然，尊重孩子的人格和自我意识并不等于放任孩子。需要的时候还要及时引导他们，帮助他们辨别是非，培养他们独立思考的习惯，学会选择自己的人生目标。

2. 满足孩子合理的需要

妈妈可以从孩子发表的意见中分析出孩子的需要，尽量满足其合理的部分。要分析孩子的需要，就要认真倾听孩子的心里话，而不要以成人的想法推测孩子的心理。当孩子讲述了他的需要后，妈妈应该跟孩子一起分析，让孩子明白哪些是合理的、正确的，然后及时满足孩子合理的需要；对于不合理的需要，则要对孩子讲明道理。千万不要觉得孩子还小，或者觉得事情无关紧要就放纵他。否则，孩子就会不断地强化不良行为，形成不良的品格，最终影响到他的人生。

因此，妈妈要想培养出一个有主见、独立创新的孩子，就要做有心人，为孩子创造愉悦的发表意见的氛围，以感染孩子的心灵，孩子尽管年龄小，但他同样会体会到家长对他的尊重和信任，也就能自信地成长！

✾ 停下匆忙的脚步，听听孩子内心的声音

智利诗人米斯拉特尔曾说："我们需要的东西有很多可以等待，但孩子不能等。现在，他的骨骼正在生长；现在，他的血液正在制造；现在，他的心智正在发展。"当你抱怨孩子越来越不听话的时候，你是否停下过匆忙的脚步，关注孩子的现在？当你唠叨越来越看不透孩子的时候，你是否曾想过要放慢自己的节奏，陪孩子一起成长？其实，很多时候，不是孩子不听话，而是你走得太快，听不到孩子的呼唤。

一次，一位执教 40 多年的语文老师告诉记者，在他几十年的教学生涯中接触了很多学生，从这些学生身上他发现了一个严峻的问题，越来越多的学生在写有关家长的作文时无话可说，追问原因，大部分学生说自己

和家长无法交流。曾经有一位学生在作文中这样写道："妈妈，请停下你们的脚步，转过你们的眼神，我只想占用你们一点点的时间，让你们听听我的心里话，我理解你们为了家庭而整天忙于自己的工作，可是妈妈，我们有多长时间没有一起聊过了？你们有多长时间没和我一起玩耍过了？有时候我很想跟你们说说我的心里话，可是你们是那么忙碌，这让我胆怯了。"

李开复在给家长的一封信中劝告中国的家长，尤其是那些忽视孩子的家长，无论你们多么忙，都要抽空陪陪自己的孩子，陪孩子一起玩耍，和他们平等地聊天、谈心，告诉他们你们每天所做的事情，不要因为孩子知识匮乏而忽视他们的意见，不要用自己那些已经过时的观点来否定孩子的想法，要多接触流行的事物，如流行音乐、电影、服饰等，消除自己和孩子之间的障碍，不要将自己的怒火无缘无故地发泄到孩子身上，孩子犯错后要多问原因，告诉孩子自己的想法，帮助孩子找到改正错误的正确途径。健康的家庭关系使父母和孩子能够进行良好的沟通，所以，妈妈要偶尔停下自己匆忙的脚步，听听孩子内心的声音。

香港凤凰卫视资讯台副台长兼新闻主播吴小莉有一个聪明可爱的女儿。作为副台长兼新闻主播，吴小莉每天工作繁重。但是正因为知道自己工作忙碌，没有太多的时间陪伴女儿，因此，每当休息或空闲的时候，吴小莉都会和孩子聊天、谈心，听孩子讲讲心里话，讲讲学校的趣事，最近遇到了哪些难题，还会帮着女儿出出主意。在女儿的成长过程中，吴小莉并没有因为自己工作忙而忽视和女儿谈心的机会，帮孩子解决心事的同时，自己也得到了放松。她是女儿心中最为依赖的朋友。女儿会经常对她说："妈妈，你是我的忠实听众哦！"

每个人都需要有人真诚地聆听自己的心声，每个人都有自己的心事需要发泄和倾述。尤其是小孩子，他们对这个世界不了解，对自己所遇到的问题感到茫然，所以更需要倾诉，更需要妈妈能跟他们一起分享愉悦和欢乐，分担心事和烦恼。因此，妈妈要给孩子留出一点时间，用真诚的态度聆听孩子的心声，与孩子进行平等交流，减少孩子的抵触情绪，给孩子提供向自己敞开心扉的机会，这样，孩子才会快乐地成长，妈妈与孩子之间才能建立融洽而和谐的关系。

首先，告诉孩子自己在忙什么，忙碌中留出陪伴孩子的时间。

给孩子说说自己的工作，聊聊自己手头上正在做的事情。这样一来，即便孩子对这些并不了解，但是他潜意识里接收到来自妈妈的关心和在意，感受到了对自己的平等态度，也会理解妈妈口中所说的忙碌。当妈妈有空闲时间了，一定不要忘了多陪陪孩子，去孩子喜欢的游乐场，或者只是在家里简简单单聊聊天，相互分享各自的事情。

其次，偶尔带孩子进入自己的工作环境。

至于妈妈所说的工作，大多数孩子还是不能明白，善于观察的妈妈会将孩子带到自己的工作场所，让孩子切实感受妈妈忙碌的工作氛围，这样孩子在心理上也会更容易理解父母。

最后，注意观察自己的孩子。

孩子慢慢长大，遇到的事情会增多。相应地，困惑的事情也会增多。妈妈要细心观察孩子一点一滴的变化，用温和、平等的态度与孩子谈谈心，要对孩子表示充分的理解，仔细聆听，然后提出自己的意见供孩子参考。

用心教育孩子，不论多忙，都要关注孩子的成长变化，都要抽出时间与孩子聊聊天，了解孩子的内心，分享彼此的成功和喜悦，让他感受到来自妈妈的爱意。

✱✱ 有时也可以对孩子敞开心扉

生活中，或许很多妈妈都在苦恼，自己苦口婆心地说了那么多，孩子竟然无动于衷、置若罔闻，或者干脆捂起耳朵来不听自己说什么。天下的妈妈都是为孩子考虑的，但为什么有的孩子就是不领妈妈的情呢？

妈妈晚上下班回来都十点了，商店已经全部关门，所以没有买到答应给聪聪的玩具汽车。聪聪很生气地对妈妈说："你骗人，明明答应人家的，你真是太坏了……"疲惫的妈妈看到聪聪这样，也急了："我怎么没见你对学习这么上心呢？一个玩具汽车就值得这样大声地对我嚷嚷。"聪聪听了妈妈的话一甩门，哭着跑开了。

孩子和妈妈针尖对麦芒，妈妈并没有向孩子详细解释没有兑现承诺的原因，而是索性摆出一副"我有理"的气势，对孩子斥责、吼叫甚至是打骂，而孩子在这种强势的打压下，往往逆反心理一下子就上来了。于是，沟通在妈妈与孩子之间，就变得越来越困难了。

如果妈妈多去了解孩子的心思，对孩子敞开心扉，真诚地去和孩子交流，把自己内心的想法和困难告诉他，也许他就会理解妈妈。我们来看看下面的一个事例：

乐乐一直想要一台电子琴，可妈妈就是不给他买，乐乐觉得很受伤害，认为妈妈并不支持他学乐器，所以也不再提起这件事了。乐乐生日时，妈妈给他买了一台电子琴。然而早已对电子琴失去兴趣的乐乐却反应淡漠，并很奇怪地问妈妈："妈妈，你不是不喜欢我学电子琴吗？怎么又给我买了呢？"

妈妈说："孩子，我从来就没有不让你学电子琴啊。前几次之所以没有给你买，是因为我们在商场看到的那些电子琴质量并不好，弹出的音质也不好。"乐乐听到妈妈这么说，虽然明白了妈妈当时没有给自己买电子琴的原因，但是他现在对电子琴却一点也爱不起来了。

乐乐的妈妈不给他买电子琴，是有自己的理由的，但她却没有及时给孩子说出自己内心的想法和计划，使孩子的内心很受伤，甚至就此失去了对电子琴的兴趣。所以这位妈妈的做法是不可取的。

孩子在成长的过程中，他的思想也在慢慢走向成熟。妈妈不要老是以为他还是小孩子，从心里不重视和他进行思想上的交流，一味地以大人想当然的心态为他安排一切。这样，妈妈与孩子之间便会有一层隔膜，使沟通不能真正地打开。

所以适时地敞开心扉与孩子交流是非常必要的。

❋ 宽严适度，才能更好地让孩子成长

教养孩子，宽了好还是严了好？宽了容易放纵孩子，严格了容易导致孩子失去独立性。教养是把双刃剑，不管不行，管得过多也不行。正确的方法应是孩子的教养要宽严有度。什么是宽严有度？比如母亲要宽容对待孩子的小错误、小失误，让他们知道，这都是很正常的现象，以后改正就可以；但是对于失误、错误的后果，就必须要由孩子承担，不能逃避责任，要学会主动面对。前者是宽，后者就是严，可以宽容孩子的行为，但一定要严格要求孩子对于错误的态度。如此，孩子才能够健健康康地成长。

说起来简单，做起来可不容易，妈妈可以从以下几点做起：

1. 严而有度

教育孩子是一项非常细致的工作，也是极需要耐心和智慧的。古人曾云："木可雕，而病于越度；金可铸，而病于越冶。木越度，金越冶，虽有良工巧匠安施？"大意是说，木头可以雕刻成艺术品，却常会败在用刀不稳、用力过度上；金属可以铸造各种器物，却常常败在没掌握好火候、温度过高上。如若无法掌握好这两者的尺度，即便再好的雕塑师也难以雕刻出精致的艺术品、合格的器物。教育孩子亦是如此，也需要掌握一个"度"。《东周列国志》说："宽严得体，无不悦服。"教育孩子要严格，但并非越严越好。比如对于原则性问题，说谎、偷窃、扰乱公共秩序、浪费食物等，妈妈一定要严格对待，绝不允许半点马虎；对于非原则性问题，则该放手时就放手，别把孩子教育成一个木头人。就如陈鹤琴先生所说："我们教小孩当折其衷，一方面予以充分机会以发展自动的能力和健全的意志，一方面限以自由范围使他们不得随意乱动以免侵犯他人的权利。教育若能如此折衷施去，小孩子未有不受其惠的。"

2. 不要过于干涉孩子的行动自由

有些孩子的一天生活内容比成人还要辛苦：下午3点半放学，4点到家，5点开始上兴趣班，有时候还连上两节不同的课程。孩子没工夫玩，没有自己的私人空间。父母对孩子的吃穿住行、学习、交往之事一概包办、干预，将孩子成长中的每一分钟都规划得滴水不漏，一味地要求孩子执行妈妈的意愿，美其名曰"充实的一天"。但这样做真的是对孩子好吗？实际上，这种过度干涉很容易导致孩子处处被动，时刻觉得自己像是傀儡和木偶一般，一件事接一件事地疲于应付，自然也就谈不上什么注意力了。

孩子的生活过得是否充实有意义，不在于为孩子谋划了多少件要做的事情，而在于孩子是否在做自己喜欢的事情，并从中得到收获。盲目地让孩子参加各种兴趣班，甚至攀比周围的邻居、亲友、同事家的孩子，并不会培养出一个多才多艺的孩子，反而侵占了孩子自我提升的空间，还影响了正常的学习课程，最后造成"十八般武艺，样样稀松"。

学习是一种消耗大量脑内氧气的脑力劳动，妈妈千万别认为孩子长时间进行学习活动就是注意力集中的表现。事实上，持续学习时间越长，注意力越容易分散，学习效果越差。所以在安排孩子的学习内容时，一定要注重一张一弛，让孩子的大脑得到充分的休息，适时搭配体育运动，让大脑能够时时保持在最佳状态，这才是注意力能够集中的前提。

3. 不要强迫孩子"应该怎样做"

有些妈妈是"应该主义者"，她们对孩子很不放心，时常在与孩子的交谈中情不自禁地敦促"你应该这样""不应该那样"。往往越是优秀能干的家长，越企图用自己的经验引导孩子的前途，用自己的能力指导孩子的一生。他们最常说的话是："你是哥哥，应该让着妹妹。""这道题应该这么做。""你应该把这些食物全吃光。""你应该先写英语作业，再写数学作业。"但这些要求对已经萌发出自我意识的小学生来说，有时是一件相当难以接受的事，孩子并不会每件事都领情。最直接的表现是孩子生活在妈妈的各种"指导"中，没有独立的自我品格，既然不是自己想做的、愿意做的事情，做事时自然总是心不在焉，注意力严重下降，产生逆反心理。还有一些孩子表现出做事缺少自信心，缩手缩脚，苛求完美，逐渐形成自卑、怯懦、没主见的性格，导致孩子走上不适合自己的人生道路。而且妈妈处处行使自己的意愿，等于妈妈在替孩子活，孩子时时遵从妈妈的命令，等于孩子在替妈妈活，大人和孩子都活得很累。

所以，这里也劝一句，对孩子干涉太多，无疑是在制约孩子的成长。妈妈不要过高估计了自己对孩子的影响力，而要渐渐接受孩子已经有了自己的世界、自己的判断。孩子已经不再是那个需要家长搀扶着才能走路的小宝宝了。妈妈要秉承一个心态：孩子的路应该放手让他自己走出来，做自己命运的创造者。

❀ 站在孩子的角度，照顾孩子的想法

虽然亲子关系是世界上最亲密的一种关系，但如果妈妈不站在孩子的角度思考问题，而一味地依照自己的意思，不顾及孩子的想法，就有可能会造成亲子关系的不和谐。

靖宇在上海市某实验小学读五年级，由于小升初考试的临近，他备感压力，于是，他向妈妈提出要取消周末的奥数补习课。

靖宇的话还没有说完，妈妈便铁青着脸，不停地对他进行批评。她认为儿子不争气，不懂得珍惜现在的美好生活，她上学时根本没有什么补习班，即使有也没有钱上，但是儿子居然不知道珍惜机会，还提出这样无理的要求。

无奈之下，靖宇只好默默地承受着妈妈的安排。但是，几个月的补习，他的学习却丝毫没有长进。对此，妈妈没有反省自己的行为，而是变本加厉地批评孩子。

即使同龄人之间，由于性格和成长环境的差异，也会产生一些不同的观点与想法，而生活在不同的时代背景下的两代人，更会在思想、行为方式上存在差距。这也是许多亲子沟通产生障碍的关键原因。在这种情况下，妈妈站在孩子的角度思考问题，就显得尤其重要。

有些妈妈喜欢"忆苦"，向孩子大讲自己当年如何辛苦地获得机会等。因此，她们想当然地认为孩子也应该这样做。事实上，历史在发展，今时已经不同往日了。用曾经的标准来要求孩子，无疑会激发起孩子的抗争，

使得家庭矛盾不可避免地爆发。孩子的成长过程中没有经历过家长经历过的苦难，因而在他们的内心里，不可能留下家长这一代的印记。而妈妈却强求孩子接受这种印记，这显然是不现实的。

因此，在教育孩子的过程中，妈妈应该平等地与孩子交流，试着站在孩子的角度看问题，从而理解孩子的想法与行为，采取更为合理、有效的教育方式。

对于许多妈妈来说，站在孩子的角度看问题，是一个比较陌生的思维视角，但它却可以带来家庭教育的新气象，可以为亲子沟通、交流带来新境界。因此，妈妈应该做到：

1. 把孩子当成一个独立个体

将孩子当成一个独立、平等的个体，这是站在孩子角度看问题的前提。若妈妈认为孩子是自己的附属品，可以随意地呼来喝去，那么也就不可能站在孩子的角度看问题。

将孩子当成一个独立的个体，妈妈就应该尊重孩子拥有的一切权利。

2. 努力体会孩子内心的感受

孩子今天在学校是否过得开心，他遇到了什么事情，他心里在想什么，你知道吗？其实，许多妈妈并不了解，也没有兴趣了解自己孩子内心的感受，这无疑是现代家庭教育所忌讳的。

月怡参加了学校组织的绘画比赛，但一直被老师看好的她，却名落孙山，这让她的心情一整天都是灰暗的。回到家后，她将自己参加比赛失败的事情告诉了妈妈。

妈妈体贴地说："你一定很难过吧？"月怡眼

圈红红的，开始向妈妈倾诉："我好难过啊！不过，他们发挥得的确比我好啊，也许我平时的基本功不扎实吧。"妈妈微笑着说："所以啊，你要再接再厉，妈妈相信你下次一定会做得比这次好。"

当孩子做错了事情或没有达到既定的目标，孩子的心情一定会十分沮丧。此时，聆听孩子倾诉的妈妈不宜轻描淡写地安慰"没关系""没什么大不了的""别再哭了"。这样的话语立即会让孩子感觉到妈妈没有认真对待自己的感受，而应该给予呼应："妈妈理解你的感受，你一定很难过吧。"然后静静等待孩子冷静下来，再进行有益的引导与教育。

3. 放下自己的成见

妈妈的成见是横在亲子关系之中的一道壁垒，它如此坚固，以至于妈妈总是难以舍弃，从而将孩子的心扉关在壁垒之外。

娜娜喜欢绘画，但是妈妈却逼着她去弹钢琴。原来，妈妈年轻的时候非常想学钢琴，但是因为家里经济条件不允许而没有实现，于是，妈妈便将自己的希望寄托在女儿身上。

但是，"身在曹营心在汉"的娜娜，在学钢琴上没有取得任何进展。妈妈气急败坏，一次又一次地指责女儿。但是这一切，除了增加娜娜的烦恼，并没有让事情有任何好转。

我们与孩子生活在不同的世界里，我们应该站在孩子的角度，让他们选择自己想做的事情，而不要试图将孩子变成实现自己理想的机器。在教育孩子的过程中，妈妈应该放弃自己的成见，根据孩子生活的时代背景要求和特点，充分理解和尊重孩子的选择与追求。

✿ 唠叨孩子前，先听听孩子怎么说

很多时候，妈妈看到孩子注意力不集中，并没有直接教育孩子该怎么去让自己全神贯注，而是喋喋不休、唠唠叨叨个没完没了，想让孩子能听话、能明白。这类妈妈在培养孩子专注力的方法上基本都是以"唠叨"的行为出现的。殊不知，这是一种错误的做法，孩子不但听不进去，还会带来负面效应。

平平妈妈是很多人眼中的"女强人"，管起孩子来，头头是道，一开口就能说很长时间，还总觉得自己说得句句在理，句句点到了孩子的心坎上。

"说过你多少次了，为什么就不能专心一点？"妈妈又开始唠叨了。

平平低头不语，继续做题。

"你看这道题，多简单，昨天不是才做过的吗？今天怎么就忘记了，你怎么总是心不在焉的？"妈妈继续说道。

"我每天做那么多题，怎么会每一道都记得。"平平辩解道。

"你还顶嘴？学生不就是要记住这些吗？而且你看看，现在都几点了？还没写完作业！"妈妈指着墙上的时钟说道。

"我每天工作多辛苦，这么晚了还得辅导你写作业，要是没有我在一边提醒你要专心，你早就跑去看动画片了。怎么就不能体谅一下妈妈呢？"妈妈喋喋不休地说着。

"吵死了，你一直说话，让我怎么好好写作业？"平平早就听得不耐烦了。

"你要是能主动好好写作业，我还会唠叨你吗？"妈妈反问。

母子两人的心情都很糟糕，妈妈看着平平，心里想继续念叨他，又怕真的影响孩子学习，左右为难；平平用后脑勺对着妈妈，一副不要来烦我的姿态。

像平平妈妈这般唠叨着教育孩子的家长真不少，而这种教育方式是很难有效果的。

当妈妈用不停叨唠来让孩子听听自己的心声之时，经常忽略了去听听孩子的心声；想获得孩子对自己的尊重之时，却常常做出了不尊重孩子的举动。对此，妈妈是应该深刻地反省了。为什么家长说了几遍，孩子却置若罔闻、不加执行？多数情况是因为妈妈的想法和孩子的想法根本不在一条线上，你说你的，我想我的，没有交集。亲子之间顺畅沟通的基础是平等和尊重。妈妈越是尊重孩子，孩子的自尊心就越会变强，越会注意修正自己的言行，以赢得别人更多更持久的尊重。只有如此，妈妈的话、孩子的心才能合并到一起来。

所以，如果妈妈发现一件事已经重复讲了两三遍，孩子却没有及时地作出反应，就要把没有说出口的唠叨在脑袋里叫"停"，然后想想是否还有其他更好的方法来制止自己的这种唠叨、让孩子听话呢？妈妈要了解孩子的心理特点，增强内心接纳和包容的能力，在教育孩子的时候要就事论事，采取合适的态度理性地对待孩子，不要把一件小事泛化，进而扩展到其他事情上。妈妈要在对孩子发表意见和看法之前，先去听听孩子的心声，明白孩子话里的意思，然后再委婉地指出孩子的缺点，采取措施帮助孩子改正不良习惯，反而会比赤裸裸地训斥效果要好得多。

如果孩子的语言表达能力有限，妈妈可以通过提问的方式来引导孩子诉说心中的想法，讲明自己这么做的原因。比如，我们可以在孩子的诉说中穿插"然后呢？""然后你怎么办呢？""如果……又会怎样呢？"类似的一些提问，帮助孩子更好地表达自己的情绪。

✳ 推倒和孩子沟通的"心墙"

很多妈妈会发现，不知道从哪一天开始，原本天真活泼的孩子就像变了一个人，少言寡语，不再和妈妈交流。孩子的心仿佛筑起了一道"心墙"，孩子在墙里，家长在墙外，墙里的人不想出来，墙外的人想进却进不去。心理学家把孩子的这一时期叫作"心理闭锁期"。

小敏是初二的学生。不仅小敏的班主任反映她不像以前一样活泼了，妈妈也发现小敏总是喜欢一个人待在房间。和她沟通，她也多以沉默应答。妈妈心里十分着急，赶紧带小敏去看心理医生，医生说小敏患了"心理闭锁症"。

闭锁心理是孩子成长过程中的一种阶段性心理现象。当孩子进入青春期以后，心理上就有可能出现闭锁性，独立意识增强，不愿与人交流，不愿表露自己内心的想法，于是开始对妈妈表现得冷淡起来，有时甚至是反抗、离家出走。所以，妈妈会觉得孩子离自己越来越远了。

针对这种情况，妈妈一定要具体问题具体分析，不能因孩子的疏远而乱了阵脚，而是要试着拆掉和孩子之间的那道"心墙"。因此，在孩子的"心理闭锁期"，妈妈应该做到以下几点：

1. 让孩子正确对待青春期

妈妈要帮助孩子正确地认识青春期的一些正常生理现象，面对青春期的一些变化，不必恐慌和害羞；鼓励孩子要增强自信，懂得悦纳自己。在生活上和学习上，对处于青春期的孩子应给予一些恰当的关心和照顾，并保证他们充足的睡眠，让他们有一个良好的生活与学习状态。

2. 帮助孩子正确认识压力

对孩子来说，最大的压力就是学习和人际交往两大方面。妈妈要想让孩子生活得健康快乐，就别给孩子施加过多的压力。适当放低期望值，不拿自己家的孩子跟别人攀比，对孩子的能力发展不要过于急躁。当孩子觉得压力太大、心理负担太重时妈妈可以帮助孩子一起想办法抗压与减压。

3. 教孩子学会宣泄负面情绪

当孩子有了负面情绪时，妈妈可以教给他主动疏导发泄的方法，比如说出自己的体验与想法，学会向亲人、同学、朋友倾诉，释放郁闷。

转移注意力，让孩子忘掉不愉快。比如积极参加文艺或体育活动，放声歌唱或大声喊叫、运动、写日记、做深呼吸等，也都是宣泄负面情绪的好方法。

除了通过转移注意力等方法来使情绪得到一定程度的调控，还可以借助自己的力量去管理情绪。比如自我暗示、自我激励、心理换位等方法，用积极的情绪代替消极的情绪，多想一想自己的优势和闪光点。建立阳光心态，将不良情绪转化为积极的行动。

如果情况严重，还可以采用心理咨询的方式，辅助治疗，来培养他的健康情绪。

4. 对犯错误的孩子巧妙疏导

面对犯错的孩子，严厉地批评并非聪明的方法，好妈妈应该晓之以理、动之以情，合理分析孩子所犯的错，有助于帮助孩子认识错误、改正错误。

总之，推倒与孩子之间的"心墙"，妈妈一定不要急躁，更不可以打骂，因为这一时期孩子的心态不稳定，如果妈妈采用粗暴的手段进行教育，往往会出现与孩子对立的现象，作为妈妈，要试着寻找一个突破口，用自己温暖的手拉近和孩子的距离，让与孩子之间的沟通变得一路畅通。

✳ 找对方法，让沟通变得"零距离"

没有不听话的孩子，只有不会沟通的妈妈。事实上，妈妈与孩子的沟通方式是多种多样的，关键在于妈妈能否用心去寻找。要知道，任何一个微小的细节都有可能让你和孩子的关系发生翻天覆地的变化。

比如，很多妈妈不善于表达，很难和孩子良好沟通。这时，你不妨把想对孩子说的话写在便条上，然后粘在他能轻易看到的地方，以此来传达你对他的爱。

姐姐的妈妈经常因为工作原因不能监督、辅导她做作业。每当这时，妈妈都会在姐姐的书桌上粘一张便条，内容大致都是："亲爱的孩子，妈妈会和你一起努力的，爱你！"

几乎每天姐姐都能在自己的书桌上发现这样的便条，有时是粉色的，有时是黄色的，种类、样式各不相同。就这样，姐姐把接收妈妈的便条当作一天中最惊喜、兴奋的事，她还默默地把妈妈留给自己的纸条攒了起来。姐姐常常对自己的同学说："虽然妈妈不能经常陪我，但是看到妈妈的纸条就好像她陪在我身边一样的温暖。"

写在便条上的可以是对孩子鼓励的话语，也可以是对她进行教育的话语……将任何你想对孩子说的话都用心地写下来，这种方式很容易被孩子接受。

另外，将爱写在信中传达给孩子也是个很好的方法。妈妈在教育孩子的过程中，常常会出现有话讲不出来、讲不明白的情况，尤其是当涉及一些比较敏感的话题的时候，就更不知道该如何对自己的孩子说了。

王女士发现鹏鹏写字时的坐姿不对，每天晚上写作业的速度也很慢，常常一两个小时都写不完一个学科的作业。于是，王女士就找鹏鹏谈话，由于当时她的情绪比较激动，所以对鹏鹏说话的语气不太好，最后母子俩争吵了起来。

事后，王女士有些后悔，就写了一封信向鹏鹏道歉，承认自己的语气不好，希望得到鹏鹏的原谅。同时，她还说明了坏情绪的缘由，都是因为担心鹏鹏所致……鹏鹏看了信后，也反省了自己对妈妈的态度，最后鹏鹏还向王女士道歉说："妈妈，我做的也不好，以后我会听话的。"

很多时候，当与孩子发生冲突后，出于尊严，妈妈一般都放不下面子和孩子心平气和地沟通。当发生这些情况时，你可以用写信的方式与孩子沟通，由此往往能更好地传达你的想法与爱意。

其实，在生活中，只要找对沟通方式，孩子还是很愿意与妈妈沟通的。一般来说，上小学后，孩子就开始了他们的社交生活，每天都会接触不同的人，这时，妈妈不妨和自己的孩子多聊聊他们身边的人和事情。当面对面不怎么好沟通时，也可以借助写信或者是网络的便利，和孩子进行书面交流或者是网络交流。这种方式避免了妈妈与孩子面对面时容易出现的尴尬局面，让孩子感觉更加轻松，更能向妈妈倾吐心声。

第 2 章

叛逆不是孩子的错，不急不躁的育子心得

孩子成长到一定阶段，都会出现不同程度地逆反心理。你让他向东，他偏向西，你让他坐着，他偏站着，处处与你作对。逆反心理是孩子成长到一定阶段的正常现象，妈妈不必过于担心和着急，要理解孩子，注意调整教育方法就好。

✳ 孩子有叛逆心理，好妈妈要良性引导

随着年龄的增长，孩子有了自己独特的想法，每当大人和孩子的意见不一致时，孩子就会和大人唱反调，让他往东，他偏往西，越不想让他去做的事情，他偏要去尝试一下。

星期天的早晨，姜越起床后妈妈告诉他要带他去阿姨家玩。可是，姜越想和小伙伴们出去打篮球，便对妈妈说："我不去。"妈妈问他："为什么呀？""我不喜欢表弟，他总是和我抢东西。我要和程程他们一起去打篮球。"妈妈和姜越商量："去吧，你都这么大了，应该让着表弟。更何况你都好长时间没去阿姨家了，上次阿姨打电话过来，说很想你呢。"姜越又找了一个理由："阿姨家不好玩，我不去。"妈妈说："阿姨家有玩具小手机、小汽车、飞机模型，还有许多咱们家没有的东西，怎么会不好玩呢？"这些玩具都诱惑不了姜越，他还是坚持自己的意见："就是不好玩，我不要去。"妈妈拿出给姜越新买的一件衣服，还有一顶可爱的小帽子，让他穿戴整齐，并竖起大拇指夸奖他："这小伙子，真帅。走，去阿姨家，让阿姨看看，肯定更喜欢你了。"说着还去拉姜越的手，姜越一把将帽子从头上扯掉，生气地说："说了我要打篮球，我不去，就不去！"说完，他便打开门，"蹬、蹬、蹬"跑下了楼。

"这孩子怎么这么不听话？"无奈之下，妈妈只好一个人去阿姨家串门了。

叛逆是孩子的自我意识在发展中的具体表现，孩子希望别人听取他的意见，尊重他的想法。然而，大人不理解，总是觉得孩子不听话，一味对

孩子斥责或打骂，可越是这样，孩子反抗得越厉害，与大人争执的现象就越多。

当孩子叛逆时，妈妈要多采用"攻心术"，循循善诱地引导，尽量尊重孩子，多关注、关心孩子的生活、学习、健康等，不要过于左右或限制孩子，否则，容易使孩子产生逆反心理。

当孩子有叛逆心理时，妈妈可以参考以下几个方法：

1. 多听听孩子的想法，减弱孩子的抵触情绪

在家庭生活中，妈妈要尽可能地和孩子平等相处，有了事情多听听孩子的想法，尤其是孩子自己的事情，要赋予孩子一定的权利，从而减弱孩子的抵触情绪。

2. 提供解决方案，让孩子自己做出选择

在这里，教给妈妈一个"对付"叛逆的孩子比较有效的方法，那就是，在遇到事情时，为孩子提供两种解决的方案。这样，孩子有了选择的余地，他会比较一下哪种做法对自己更有利。如此一来，妈妈既达到了自己的目的，也不至于遭到孩子的强烈反对。

3. 改正自己的说话方式

几乎所有的人都不喜欢别人用强制性的语言命令自己，孩子也不例外。假如妈妈在和孩子沟通时，放下家长的架子，以温和的口吻和孩子商量，孩子一般会很容易接受。

⁂ 以心换心，和逆反的孩子好好沟通

叛逆是孩子成长中的正常现象，只是这种叛逆，让有些孩子奋起，有些孩子沉沦；有些完善了自己，有些却走向放纵。

家长指责孩子的叛逆，却忽略了孩子叛逆的根源——往往是家长的过度拒绝、过度指责和过度压制导致的。家长自以为为孩子好的种种看似温柔的束缚，让孩子感到无所适从，最终用叛逆来寻求自我解放。

如何解决或缓解孩子的叛逆心理？妈妈可以从以下两方面入手：

1. 把自主权交还给孩子

叛逆只是一种表象，不是什么不可原谅的错误。每个人都可能有过叛逆，家长应多观察孩子，站在他的角度思考问题，把对他的不必要的束缚和限制都清除掉，也许他的叛逆也就随着消失了，因为他的叛逆原本可能就是对束缚和限制的反抗。

2. 尊重孩子正当的要求

当孩子一天天地长大，会逐渐有自己的想法和需求。很多家长往往从自己的角度来考虑是否适合孩子，而没有从孩子的角度考虑，所以很容易武断地拒绝孩子的需求，让孩子受到伤害，从而关闭心门，叛逆心理也由此滋生。

叛逆期是孩子心理成长、成熟过程中的一个特殊时期，很多家长认为，这个时期的孩子特别敏感、浮躁、不听话，很难相处。在这一时期，孩子的自我意识和人格独立意识都迅速发展，往往不愿意再做一切听凭家长安排的“乖乖仔”或“乖乖女”，更希望用自己的思维模式来分析问题。

叛逆期是孩子成长经历的一个特殊时期，我们应该更多地理解孩子此

时期的一些变化，一旦发现孩子有"叛逆"行为，家长就应该提醒自己，是时候改变自己的教育方式和教育观念了。

我们来看看下面这个妈妈的苦恼：

赵阿姨的女儿小眉性格乖巧。赵阿姨一直对她要求很严格，小眉也很懂事。

可自从一年前赵阿姨升职之后，她经常出差，小眉的爸爸又在国外工作，家里没人和小眉说话，小眉渐渐变得沉默了。即便赵阿姨偶尔在家，小眉也不愿再和妈妈交流，甚至有时还会和妈妈作对。于是小眉变得越来越内向。

一天，赵阿姨突然接到小眉班主任的电话，说小眉把头发染成了黄色。小眉放学回家后，怒不可遏的赵阿姨打了女儿一巴掌。

但就在当天晚上，小眉离家出走，跑到一个实习老师那儿去住。

学校后来要求小眉把头发染回去，并要求她搬回自己家。小眉觉得学校就是跟她过不去，抗争了许久，闹得沸沸扬扬。虽然最终小眉把头发染回黑色，也回到了家中，但赵阿姨不知道今后该怎么教育女儿，觉得很苦恼。

案例中小眉明显处于心理叛逆期，再加上特殊的家庭环境造成她跟家长缺乏正常的有效的亲子沟通，就出现了上述的问题。

妈妈只要学会和孩子沟通，跟孩子以心换心，叛逆期孩子的问题是可以化解的。当然，这需要妈妈掌握一些孩子叛逆的沟通小技巧，如下：

1. 允许孩子犯错

叛逆期是孩子形成主见的关键时期，犯错误肯定在所难免。家长应该允许孩子犯一点儿小错误，不要过分束缚孩子。同时，家长是孩子最好的榜样，父母应注意自己的言传身教，家长的言谈举止能给孩子潜移默化的影响。

2. 适当地给孩子一些权利

当孩子进入叛逆期后，特别渴望得到外界的尊重和认可。妈妈应给予孩子适当的权利，帮助他们从不谙世事慢慢走向成熟。

3. 稳定自己的情绪

妈妈带着不良情绪去教育孩子，是很不明智的，会导致孩子的抗拒心理。因此，妈妈不应在心烦急躁及不冷静的时候教育孩子，等到自己的情绪稳定后，再去同孩子交流。

✱ 事先定好规矩，大人省心孩子安心

在社会环境中生活，每个人都会遇到各种各样的规则来规范自己的言行。孩子也不例外。为了让孩子在遵守规则的前提下能够生活得更好，妈妈就要教育孩子从小学会在必要的规则下享有最大限度的自由。实际上，规则和自由并不冲突，没有规则，自由就无从谈起。因此，为孩子定规矩，并且学习在自由和规矩之间把握好度，不但能帮助孩子建立规则意识，而且能减少父母和孩子之间的矛盾。

悦悦放学回家后觉得很累，想睡一会儿再做作业，于是就甩掉书包，往床上一靠。这时，爸爸的"起床令"马上杀到："10点半前不准睡觉，必须学习！"爸爸的怒吼把悦悦吓得魂飞魄散，赶快起来强打精神看书，但一个字也看不进去。不一会儿，她就睡着了。爸爸进来了，摇醒悦悦，说："女儿呀！当初你不是信誓旦旦地说要努力学习，将名次提上去的吗？只要你能做到这一点，爸爸就戒烟。你忘记了？"悦悦一听，立刻精神大作，说："爸爸，我没忘记，我这就学习。"就这样，悦悦抓紧时间学了一个半小时，把该做的作业和该预习的功课都完成了，才上床睡觉。

　　这个月结束后，悦悦的成绩进步不小。而父亲也成功戒烟一个月，坚持没抽一根烟。悦悦很高兴，大喊："喔！爸爸戒烟喽！"爸爸笑着说："乖女儿，只要你能够好好学习，让爸爸做什么都愿意！"妈妈在旁边笑道："悦悦一下子进步这么多，真不容易啊！希望你们都保持！"

　　在规则面前，父母和孩子都是平等的。这样，孩子才会遵守规则。悦悦的父亲通过与孩子制定共同的规则，一起履行约定，督促孩子成长；而悦悦则努力遵守规则，最后与父亲一起实践约定。在孩子遵循规则的过程中，家长应该态度一致，但也需要有一些弹性。如果家长都特别讲规则，那么孩子的自我空间就会小一些，因此要把握好孩子的自由度。

　　焕焕两岁多时进入了第一逆反期，她喜欢和妈妈对着干，什么事都想自己去做，每天都念叨着"焕焕自己，焕焕自己"。她自己学扫地，但是常常越扫越乱。她还喜欢给花浇水，但是把水洒得到处都是，甚至忘记浇花玩起水来，而且一玩就忘了时间。把她拉走，她就又哭又喊，吵闹不已。妈妈无奈，就给她定规矩，要求她玩水不能超过 15 分钟，该吃饭时一定要按时吃饭，等等。一般有妈妈监督的时候，她还是听话的，但是只要爸爸一出现，焕焕就开始撒娇，拒绝执行。因为爸爸见不得焕焕掉眼泪，只要她一哭，马上就哄："乖女儿，别哭了，别哭了，快说，你要什么？"就这样，妈妈的很多规则，到了爸爸这里往往都得"靠边站"。

　　焕焕 5 岁时，妈妈为她制定了零花钱规则：每周给她 5 元钱由她自由支配。等她 6 岁上小学后，一周的零花钱变成 7 元。她可以自己存起来，也可以购买自己喜欢的东西。这么做的目的是让她学习自由支配金钱，自己做决定。但焕焕爸爸却又打破了妈妈制定的规则，只要焕焕一对他撒娇，无论多么贵重的礼物都给她买，还经常偷偷地给她零花钱。焕焕花钱变得越来越大手大脚。

　　在家庭中，孩子可以在规则中自由成长，但如果家长对待规则的态度不一致，那么规则就不能有效地发挥作用。

从小培养孩子的"规则"意识，是妈妈赠予孩子的最充满爱心、最经得起时间考验的礼物之一。一个从小遵守规则的孩子，才懂得自制自律，才会对自己的行为负责。

妈妈应该怎样让孩子遵守规则，从小养成懂规矩的意识呢？下面是几点建议，可供参考：

（1）晓之以理，加强引导。妈妈应该经常给孩子灌输这样一个观念：规则无处不在，一定的规则能保证人们更好地生活。

（2）细心观察，及时提醒。孩子的规则意识需要在日常生活中慢慢强化，妈妈要细心观察孩子，如果发现孩子的言行不符合规则，应该及时地提醒，孩子的成长离不开成人的督促。

（3）培养孩子的自律精神。他人制定的规则是强加的，属外力约束；而自己制定的规则有内省成分，易于自律。

（4）规则要统一。孩子需要一定程度的限制，但是，一个规则最好只有一个标准，否则会让孩子觉得混乱，感到无所适从，也有可能会钻空子。所以，制定规则要统一。

✵ 尊重孩子，让孩子保留一些私人空间

对家长来说，他们很容易把孩子当成自己的附属品，觉得孩子就应该听父母的话。但很多时候，孩子在自己的小小世界里自得其乐时，是不喜欢被打扰的。

安靖是一位初二女生，这天放学回家后，遭到妈妈的大声训斥。原来妈妈趁安靖上学，偷翻了孩子卧室的抽屉，还偷看了一位男生写给她的信。

这使安靖非常生气，说妈妈的这种行为侵犯了她的隐私，是违法的。一气之下，妈妈以一记响亮的耳光惩罚了女儿的不敬。第二天，安靖就离家出走了。若干天之后，才在一家小餐馆找到了安靖。

人人都有不愿意告诉别人的私事，孩子也有。作为家长，要尊重孩子，让孩子保留一些私人空间。妈妈侵犯孩子的隐私，会伤害孩子的自尊心。

孩子总会长大的，每个家长都希望让孩子独立，但又害怕放手。结果在孩子要求有自己的私人空间时，很多家长总是不能克制自己的好奇心理，一定要探其究竟。殊不知，家长过多干预孩子的私人空间，会让孩子产生不被信任的厌烦心理，严重的话，还会导致孩子不自信，认为自己无论做什么父母总要暗地里关注甚至是帮助，可能是因为自己什么都做不好。

因此，妈妈要认识到，孩子再小也是个独立的个体，让他们拥有自己的小抽屉，让他们在房间拥有自己的小秘密，是让孩子学会独立走入社会的第一步。妈妈要从以下几个方面尊重孩子：

1. 给孩子一定隐私权，并尊重孩子的隐私权

妈妈在给孩子隐私权时，就是把信任传递给了孩子。孩子在被家长信任的环境中成长，潜移默化中就会尊重别人的隐私权，并在不知不觉中尊重、信任别人。

2. 让孩子拥有自己的房间，进去请敲门

孩子在自己独有的空间里，会做一些自己的事情。他会把喜欢的玩具放在抽屉里，把朋友送的礼物放在某个隐秘的地方，当孩子长大时，他就会拥有自己的童真时光与美好回忆。妈妈给予孩子自己的房间，就是送给他们一个快乐无邪的童年。

3. 碰孩子的东西，要请求允许。

当妈妈意识到孩子已经建立了自己的私人空间时，就不要帮孩子收拾房间。即便是有特殊原因一定要动孩子的东西，也最好得到他们的允许。

总之，给孩子一定的自由去选择自己的生活，而不要强迫孩子按照妈妈的意愿去生活。

✲✲ 对于爱顶嘴的孩子，要从心理上引导

孩子爱顶嘴，是自己有主见的表现。孩子在成长的过程中，其独立意识越来越强，对事物也有了自己的见解。他们不再愿意处处受人压制，不再满足于模仿成人，而是要求独立思考、独立行动。这时，如果妈妈对孩子过多的干涉和照顾，就会使他们特别反感，极易对父母产生"逆反心理"。其突出表现就是不听指挥，自行其是，当他们认为事情不对或不合理时，就会选择用顶嘴的方式来反对父母的言行。

小满5岁了，原本非常乖巧可爱，但最近不知为什么，小满特别爱顶嘴，越来越不听话了，常常把"不"挂在嘴边。

吃饭时间，妈妈说："小满，来吃饭了。""不吃！"洗澡时间，妈妈说："小满，该洗澡了。""不洗！"早上起床，妈妈说："小满，去刷牙洗脸，该上幼儿园了。""不刷！"

最近发生了一件这样的事情，有一天，奶奶去幼儿园接小满，看见她将外套脱了下来，于是着急地对小满说："你怎么这么不乖呢？着凉了怎么办？"

小满气呼呼地说："我哪里不乖啊？你才不乖呢！"

奶奶愣住了，拍拍小满的头说："你怎么学会顶嘴了？"

小满继续嚷嚷："我又没有错！你干吗拍我？为什么不让我说？"

回来后，奶奶将这件事情告诉了小满妈妈，她这才意识到问题有点儿严重了。

晚上睡觉前，妈妈特意找小满聊聊，没想到小满照旧是一副强词夺理的样子："我没错呀，我刚上完活动课，身上都是汗，为什么不可以脱衣

服呢？"

　　妈妈耐心地和小满说："那你也不能和奶奶顶嘴呀，顶嘴是不对的。"

　　小满不服气："为什么？为什么奶奶可以顶我，我却不能顶她？"

　　孩子爱顶嘴是一种正常现象，我们不可一味地与其针锋相对或者威胁恐吓，也不可一味迁就，应冷静地分析原因，找出合理的解决之道。那么，妈妈应该怎么做呢？

1. 不要轻易责备孩子

　　当孩子与我们顶嘴时，我们一定要保持冷静，耐心引导，不摆父母的架子，帮助孩子正确表达自己的意愿。要告诉孩子，顶嘴是解决不了任何问题的，反而会使事情越来越糟。即使不得不批评孩子，也要先弄清楚缘由，批评时，还要注意语气、场合和方式，要循循善诱，使他心甘情愿地接受批评。

2. 给孩子一个申辩的机会

　　给孩子申辩的权利，是尊重孩子的最起码的表现。我们应该明白，申辩并非强词夺理，而是让孩子把事情讲清楚、讲明白。只有当孩子清楚表达自己的意见之后，我们才能因势利导，从根本上了解孩子的内心。如果孩子说得有道理，我们也不要端着架子，不愿意让步。如果我们强硬地把孩子的话堵回去，而不是去疏导，那么随着孩子越来越大，顶嘴现象将会越加严重。

3. 自己要为孩子做个好榜样

　　"孩子是父母的影子。"正如心理学家所说："一个没有有效办法让孩子停止顶嘴的家长，往往其自我的控制能力也较差。"如果我们自己经常跟人顶嘴，那管教孩子的难度是可想而知的。

　　如果我们希望在与孩子的"较量"中取得主动权，并很好地解决问题，首先要做到的就是不要冲动。在平时的生活与工作中，我们也要做到不急不躁、处事平和、尊重长辈，这样，孩子自然就会听从我们的教导，不再顶嘴了。

✳ 消除倔强：让任性的孩子服从管教

如果家里有个任性的孩子，往往弄得家长又气又急，打也不成，说也不听，父母一点办法都没有，就像案例中的强力一样。

8岁的强力是个特别任性的孩子，他想要什么就必须给他，而且想干什么就得干什么。

舅舅家的表哥要过生日了，妈妈带强力一起去给表哥庆祝。中午在表哥家吃饭，强力特别喜欢吃舅妈做的糖醋鱼，为了不让别人吃到鱼，他居然拿着筷子在盘子里挑来挑去。妈妈看到了，打了一下他的手，并呵斥他："不能拿筷子在盘子里挑来挑去，你还让不让人吃了，那样很不礼貌！"强力却对妈妈的训斥不屑一顾："你别管我，我就要这样！"见强力在好几位亲戚面前顶撞自己，妈妈特别生气，但也无计可施。

吃完饭，表哥把礼物都拆开看了看。其中有一架精致的飞机模型，强力觉得特别漂亮，他也想要。于是，在下午回家的时候，强力抱着飞机模型不放手，非要把它带回家，据为己有。妈妈不同意："不行，那是阿姨送给表哥的生日礼物，你不能拿回家。"强力不听，拿着飞机模型就跑到了楼下。妈妈把他追了回来，亲戚们都知道强力的脾气，阿姨对他说："强力，你先把这个飞机模型还给表哥，明天阿姨就买一个一模一样的送给你，好不好？"

强力听了很高兴，这才依依不舍地将飞机模型还给了表哥。

日常生活中，像强力这样很任性的孩子并不少见。如果妈妈过分溺爱、娇宠孩子，经常无条件满足孩子的各种要求，无原则地迁就孩子，那么，孩子就会变本加厉，更加为所欲为。

因此，在孩子有任性行为时，妈妈一定不要盲目妥协、顺从孩子，即使孩子以撒泼、打滚等野蛮行为来反抗，妈妈也一定要坚持自己的立场，绝对不能孩子说什么就是什么。这样，孩子就能认识到无论怎么样都达不到目的，他就不会再那样做了。否则，当下次孩子有什么要求时，他还会如法炮制来威胁大人，也会越来越任性。

聪明的妈妈可以根据孩子的个性来具体解决孩子的任性行为，对于软硬不吃、一点都听不进劝的孩子，妈妈可以强制性地要求他坐在一个安静的角落，好好想一想自己的做法对不对；对于好奇心强、容易被新鲜事物吸引的孩子，可以想办法把他的注意力转移到使他感兴趣的事物上，让他忘记之前的事情。

总之，对待任性的孩子，妈妈一定要坚持原则、方法灵活，渐渐地，孩子的任性行为就可以得到纠正了。因此，妈妈可以采取以下一些方法，消除孩子的倔强。

1.冷处理，让孩子没有兴致再闹下去

沐沐可喜欢吃冰激凌了，这几天天气炎热，她每天都要吃好几个才肯罢休。可是，妈妈发现沐沐有些拉肚子，便控制她吃冰激凌的数量。

一天中午，沐沐吵闹着要吃冰激凌，妈妈将冰箱里仅剩的一个冰激凌拿出来递给她，并告诉她："今天只许吃这一个。"沐沐像没听见似的，赶紧打开包装，大口地吃了起来。过了一会儿，沐沐吃完了，抹抹嘴，还想吃一个。于是，沐沐要求妈妈再去给她买一个冰激凌。妈妈坚决不同意："不行，以后你一天只能吃一个冰激凌，吃多了会拉肚子，很不舒服的。"

见妈妈不给自己买冰激凌吃，沐沐便一屁股坐在地板上，"呜呜"地哭了起来，一边哭还一边说："坏妈妈，不给我买冰激凌，我讨厌你……"妈妈没理她，继续做自己的事情。爸爸听到沐沐的吵闹声，走过来，正想哄一哄沐沐。妈妈给爸爸递了一个眼色，示意不要理沐沐。爸爸会意，倒了

一杯水，就又走了。

见爸爸妈妈真的不理自己，沐沐觉得有些丢面子，渐渐地，她不哭了，将积木放在地上，开始摆起了"大房子"。

这时，妈妈走了过来，告诉沐沐："宝贝，你刚才那样很不好，妈妈很不喜欢。但是，妈妈仍然很爱你。以后，你不要再那样了。"沐沐听了，深深地点了点头。

事实证明，采取冷处理的方法来对待孩子的任性行为很有效果，聪明的妈妈不妨一试。案例中妈妈最后的做法很合理，她让孩子知道妈妈是喜欢自己的，只是不喜欢自己的任性行为。这样，既教育了孩子，也有效避免了孩子疏远妈妈。

2. 明确拒绝，让任性的孩子达不到目的

任性的孩子总是想怎么样就非要怎么样，达不到目的就以大哭大闹来要挟妈妈。这时，妈妈一定要保持冷静，明确地拒绝孩子。

在孩子提出无理要求时，妈妈直截了当地拒绝，就给孩子传递了一个准确的信息：无论孩子使用什么招数，妈妈都不会答应孩子的要求。

3. 适当惩罚，让孩子为自己的任性付出代价

孩子任性时，妈妈最好先和孩子讲一些道理，如果孩子不听，就要给予相应的警告。假如警告仍然解决不了任何问题，妈妈就可以对孩子进行适当的惩罚，让孩子为自己的任性付出代价，让孩子记住教训，从而不再任性。

❋❋ 心灵引导，消灭家中的"小霸道"

如今，霸道的孩子越来越多，这已经成为令妈妈头疼的一个大问题。导致孩子成为"小霸王"的原因有很多，主要有以下几个方面：孩子从

小受到父母及长辈的溺爱，对于他的一切要求都尽量满足，使他逐渐养成"要什么就必须给我什么"的习惯，如果没有得到满足，他就大吵大闹，直到"胜利"为止；孩子以自我为中心的意识在发展，有了自己独特的想法，对于他人的观点或做法很难接受，也很难从别人的观点和角度思考问题，从而给人一种"霸道"的感觉；孩子在生活中、电视上看到了"霸道"的场景，觉得那样很神气，就会试着模仿，这时，父母如果再将个人主义的思想灌输给孩子，孩子就更容易以自我为中心了。

无论是由哪种原因造成的，"霸道"都不是一件好事，它不利于孩子的人际交往和健康人格的形成。所以，妈妈一定要在孩子小的时候就对他的霸道行为及时予以纠正，以免孩子变得越来越霸道。假如孩子因为霸道而出现攻击性行为，甚至将别人打伤，妈妈往往会勃然大怒，把孩子训斥一顿或者将孩子痛打一顿。然而，这种方法并不能彻底解决问题，而且会让孩子认为，暴力是解决问题的唯一方法，从而形成恶性循环，所以，必须阐明道理，并让这些道理走进孩子的心里。

要改变孩子霸道的坏习惯，妈妈不能凡事都顺着孩子，更不能无限度地满足孩子的任何要求，要什么就给什么。假如孩子提出过分的要求，一定要加以拒绝。

同时，妈妈要和爸爸商量好，全家形成统一战线，教育孩子的态度以及方式方法要一致，这样才能有效地帮助孩子改正错误，从而培养其健康、良好的性格。妈妈可以采取以下一些方法纠正孩子的"霸道"行为：

1. 让孩子学会反省

在孩子表现出霸道行为时，尤其是孩子因为霸道而出现攻击性行为时，妈妈一定要耐心地引导孩子，让孩子明白自己的行为会给对方带来了怎样的伤害，让孩子自我反省。这样，孩子就会从中明白一些事理，进而收敛自己的行为。

圆圆是从小被宠大的，她在家里简直就是一个"小公主"，说什么就是什么，特别霸道。

一天，邻居家的一个小姐姐来家里串门，妈妈把她领到圆圆的房间，让圆圆和她一起玩玩具。圆圆有好多好玩的玩具，小姐姐看到后，不禁喜上眉梢，情不自禁地随手拿起一个洋娃娃开始玩。谁料，圆圆见了，跑过来一把夺过洋娃娃，冲着小姐姐大声说："这是我的，不许你玩！"小姐姐只好伸手去拿积木。谁知圆圆又一把夺了回来，理直气壮地说："这也是我的，谁让你玩的！"见圆圆什么都不让自己玩，小姐姐站在一旁，不知所措。

妈妈看到了，问圆圆："为什么不让小姐姐玩玩具呢？如果你去小姐姐家里玩，小姐姐这样对你，你会怎样想呢？是不是很讨厌她，不想和她成为好朋友了呢？"听了妈妈的话，圆圆想了想，低下了头。妈妈见自己的话起到了作用，便对她说："和小姐姐一起去玩玩具吧，把最好玩的玩具给小姐姐玩。"

圆圆果然按照妈妈说的，将自己最喜欢的小熊玩具拿出来给小姐姐玩了。

案例中的妈妈通过引导孩子，让孩子学会了换位思考，体会到了对方的感受和心情，从而知道了自己的霸道行为是多么不好，也就不再霸道了。

2. 教给孩子解决问题的正确方法

有些孩子之所以霸道，甚至采取暴力行为，是因为不懂得如何化解与他人的摩擦。在遇到不顺心的事情时，就会表现得很霸道。针对这种情况，妈妈应教给孩子一些说话、处事的原则和解决问题的正确方法。

6岁的景江是一个很霸道的孩子，稍不如他的意，他就喜欢用暴力的方式解决，并且一定要达到自己的目的才肯罢休。

有一次，妈妈带景江到邻居晓坤家玩。晓坤在玩一个遥控车，景江看着很好奇，也很想玩一玩。他走上前，问晓坤："我能玩玩你的遥控车吗？"

然而，晓坤玩得正起劲儿，根本不让景江玩。于是，景江不由分说，上前一把将遥控器夺了下来。晓坤见景江将自己的玩具夺走了，非常气愤，反手和景江抢了起来。妈妈们看到了，赶紧走过来将他们拉开了。

　　了解了事情的原委，妈妈没有批评景江，而是和蔼地告诉他："你知道晓坤为什么不让你玩吗？因为他还没玩够。假如你想玩，可以和他商量一人玩一会儿。这样，晓坤就有可能让你玩他的遥控车了。"

　　景江再次走到晓坤面前，问他："咱们两个一人玩一会儿，行吗？"晓坤想了想，点了点头，同意景江玩遥控车了。

　　在孩子与他人闹矛盾时，妈妈要及时地教给孩子如何说、怎样做才是对的，使孩子能够圆满地解决问题，孩子也就不会那么霸道了。因此，教给孩子一些正确的说话、处事的原则和方法是很有必要的。

3. 以身作则，为孩子创造良好的成长环境

　　霸道的孩子会有这么一个特点：喜欢命令其他小朋友。导致孩子产生这种行为的根源在于父母。如果父母总是以打骂为手段教育孩子，或者父母之间经常争斗不休，就会让孩子觉得：强权是争取自身利益的有效手段。如此一来，孩子肯定会养成霸道的坏习性。因此，父母要做好榜样，以身作则，为孩子创造良好的生活环境。

✲ 教孩子学会认错，培养是非观念

　　人非圣贤，孰能无过。尤其对于心智发育尚不健全、认知能力不足、是非观念不够强的孩子而言，犯错误是再正常不过的事情。然而，绝大多数孩子都不想承认自己的错误，因为承认了错误就意味着将要挨批评或惩罚。

　　孩子做错了事，却不愿承认，无非有以下几方面的原因：孩子性格偏强、任性、自以为是，怕认错之后丢面子；家长的教育方式有问题，比如，

在孩子与小伙伴产生纠纷时，总袒护自己的孩子，如此一来，孩子就会以为万事应以他为中心才行；有的家长教育方法简单、粗暴，不是呵斥就是打骂，常使孩子惊恐万状，孩子担心受到惩罚或责怪，做错了事情不敢认错；孩子没有一定的责任心，犯了错误后为自己找借口，推卸责任，等等。

孩子没有养成承认错误的好习惯，对于这样的孩子，妈妈不要急于追究错误的大小，而应把重点放在如何帮助孩子承认错误上。要本着实事求是的态度，是谁的错就是谁的错，绝不混淆孩子的是非观念。

其实，孩子犯错误都可以说是"被动"的，孩子毕竟是孩子，他也不想经常犯错误。另外，如果孩子所犯的错误并没有什么大不了的，妈妈也不必表现出过度紧张或气愤的样子，以免孩子误会，认为自己犯了不可饶恕的大错。

总之，在孩子犯了错误后，妈妈要保持冷静的态度，积极分析孩子做错事情的原因，本着重动机、轻后果的原则，原谅孩子因生理、心理因素及缺乏经验造成的过失。因此，妈妈可以采取以下一些方法：

1. 鼓励孩子说出实情，让孩子心甘情愿地改正错误

孩子犯了错误，妈妈要鼓励孩子说出实情，让孩子明白，犯了错误不要紧，只要改了就可以得到原谅，仍然是个好孩子，从而让孩子心甘情愿地改正错误。不要给孩子施加心理压力，要让孩子知道，错误并不是不可挽救的，避免孩子因害怕承担后果或负责任而产生畏惧感。

志刚上小学三年级，成绩一向不太好。星期天，志刚去同学鹏鹏家写作业，结果，他的作业史无前例地得了个满分。志刚妈妈很怀疑，悄悄问了鹏鹏之后，才得知是志刚抄了鹏鹏的作业。妈妈决定和志刚好好谈谈。

妈妈直截了当地问了志刚，但志刚就是不承认自己抄了鹏鹏的作业。面对这种情况，妈妈没有像往常一样冲志刚发火，而是温和地告诉他："抄袭别人的作业是不好的行为，妈妈不希望你这样做。即使你做了，也没关系，只要勇敢地承认并且愿意改正错误，就是好孩子。"妈妈停顿了一下，继而又严肃地对他说："做了错事却又不肯承认，是错上加错！所有的人都

不会喜欢你。"听了妈妈的话，志刚低下了头，他表示自己再也不抄别人的作业了。妈妈笑了，肯定了他的进步，又告诉他抄袭别人的作业是在欺骗老师、欺骗自己，如果想要提高成绩，最要紧的还是自己的努力。

志刚接受了妈妈的教育，从那以后，他真的再也没抄过别人的作业。

需要注意的是，在孩子犯了错误之后，妈妈千万不要当众训斥孩子，也不要一味地批评、指责孩子，更不要对孩子动粗。

另外，在日常生活中，妈妈应该告诉孩子，哪些事情是正确的、可以做的，哪些事情是不正确的、不可以做的。当孩子犯了错误后，并不一定硬要孩子在口头上认错，只要孩子心里清楚自己做错了就行。只要孩子今后不再犯同样的错误，就达到了教育孩子的真正目的。

2. 以身作则，培养孩子错了就改的好习惯

几乎所有的妈妈都会这样认为：自己做了错事向孩子道歉，就会在孩子面前失去做家长的威严。所以，为了维护所谓的"面子"和"尊严"，即使自己犯了错误，也坚决不向孩子道歉。其实，这是一种错误的想法和做法。大人犯了错误之后向孩子认错，并改正自己的行为，可以起到以身作则的作用，对培养孩子知错就改的好习惯大有裨益。

由此可以看出，家长犯了错误向孩子认错，不仅不会失去自己的威信，反而会让孩子更加敬重家长，而且可以带动孩子养成知错就改的好习惯，还能融洽亲子关系，何乐而不为呢？

3. 正面引导，不要总盯着孩子的错误不放

不要总说孩子做错了什么事，而要经常说孩子做对了什么事，并且对孩子表现出的良好行为给予肯定和表扬，使孩子感到高兴，孩子自然愿意重复良好的行为，从而不再犯错。

✳ 不要让孩子养成爱找理由的毛病

多数孩子有哭闹的行为，主要是由孩子本身的性情和父母的娇惯造成的。对此，父母不要心烦意乱，应该视具体情况，理智而巧妙地处理，以便改正孩子这一不良习惯。妈妈都希望自己的孩子听话，按照自己的意愿去办事情，因为自己的想法都是为了孩子好，但是孩子偏偏不听话，有的时候孩子会犯很多错误，而且在犯错之后找各种理由为自己辩护，根本意识不到自己做错事情了。

如果孩子是偶尔淘气，不听大人的话，妈妈或许会不以为然；如果孩子经常不听话，管不住，那么妈妈可能就会深感头疼了。不幸的是，许多妈妈会发现这样一个情况，随着孩子年龄的不断增长，孩子不听话的行为越来越严重，而且不管妈妈怎么唠叨，孩子都很难做出改变，甚至还会找各种各样的理由为自己辩护。面对这种情况妈妈也是十分苦恼。

让明明的父母最头痛的事，就是明明动不动就哭闹，什么事都要听他的，而且还要立刻得到满足。一次，妈妈的几位老同学到家里聚会，事先妈妈已经和他讲好要懂事，不要哭闹。可是大家正谈得高兴时，明明一定要妈妈带他去外面玩。妈妈好好给他讲，他还是不听，并哭闹不休，满地打滚，令她十分尴尬。事后他还跟妈妈顶嘴，找理由说当时是真的想出去玩耍，反正就是不承认自己的错误。

其实，孩子爱哭闹，除了孩子自身的性情外，主要是被娇惯出来的。孩子哭闹是最容易引起家长爱怜的，于是有些家长由此而迁就孩子，但往往就是这一次、两次的迁就，养成了孩子爱哭闹的毛病。开始也许是孩子生病的时候或在他很小不懂事时要什么东西，他一哭闹，爸爸妈妈马上就乖乖地满足了他。以后每次他哭闹都奏效，于是这种坏毛病就养成了。

5 岁的婷婷可谓聪明伶俐，为达到自己的目的，会以各种理由说服家长，妈妈总是觉得自己的女儿不好管束，很不听话。比如，有一次，妈妈要带婷婷去朋友家玩儿，出门之前，妈妈叫她快穿好衣服，她立刻"回敬"道："为什么要快？阿姨的家又跑不了，我现在要耐心地做事情，你又让我快，我要是快了你又说我不耐心。"面对女儿的种种理由，婷婷的妈妈真是很无奈。

毫无疑问，面对这样的孩子，妈妈必然会感觉到很头疼。这个时候妈妈千万不要再给孩子讲一些大道理，更不要冲孩子嚷。妈妈可用日常生活中孩子经历过的事例，以故事的形式，具体指导孩子改正这些不听话的行为，让孩子不听话这个问题不再成为家长的烦恼。千万不要让孩子养成爱找理由的毛病，在孩子下次找理由的时候做好提前教育工作。那么作为一名妈妈，要怎么样才让孩子意识到自己的错误，避免孩子总是找理由呢？

1. 教会孩子换位思考

当孩子做错事情却找各种理由无理取闹的时候，不妨给孩子打个比方，让孩子学会换位思考，站在别人的角度思考问题，这样孩子很快就能够意识到自己的错误了，这对孩子的成长是有帮助的。

2. 妈妈要多给孩子

讲道理

应该常用一些较为形象、浅显的语言给孩子讲一些道理，使孩子懂得做客的规矩，知道到了别人家立刻就走是不礼貌的行为。如果自己不喜欢，也要学会必要的克制与忍耐。妈妈不可溺爱、纵容孩子，要采用适当的态度和方法，帮助孩子懂得服从与合作。为了避免孩子总是出现一些不听话的现象，那么妈妈可以在日常生活中多给孩子讲一些这方面的故事，让孩子明白更多的道理，这样一来，孩子自然就会知道自己的不足所在，也就不会那么无理取闹了。

3. 当孩子有长进的时候记得夸奖孩子

每个孩子都喜欢得到妈妈的夸奖，当孩子有所改进的时候，不妨去夸奖孩子，让孩子明白这样做是正确的，是会得到妈妈喜欢的，这样一来在今后的生活中，孩子会变得更乖、更听话。当然，在教导孩子的时候，妈妈也应该做好榜样，当自己做错事情之后，也要主动向孩子道歉，不要总是找一些理由，因为很多时候孩子找理由都是在模仿妈妈，要想让自己的孩子更听话，就要控制好自己，在孩子面前千万不要为自己的错误找理由。

❋❋ 允许孩子发发小脾气

自己的孩子在众人面前"脾气发作"，对妈妈来说这是一件很难为情的事。在一般情况下，当孩子在众人面前有异常表现的时候，妈妈可能首先想的是自己的面子，却很少真正地去关心孩子此时的心情和感情需要。于是，妈妈便会对孩子的行为很快地加以压制。

其实，这样的做法是不对的。妈妈作为一个成人，自然懂得什么样的行为是可以接受的，什么样的行为是不应该有的。在孩子情感表达上，父母也是有明确的概念的，对于孩子来讲什么样的情感是值得赞扬的，而什么样的情感则是不应该存在的。

而孩子年龄还小，他们没有形成这样的概念。比如，孩子在两三岁的时候会很爱发脾气，这是一种非常正常的现象。因为这一年龄段的孩子比较容易冲动，对自己的脾气根本没有自制力，对挫折的容忍程度往往也是有限的。孩子要到外面去玩，妈妈不允许的话，孩子会想为什么不允许，如果想不明白，有可能就要通过发脾气的方式来表达自己的感情。而对于四五岁以上的孩子，对挫折已经有了一定的控制能力，同时，也能够明白一些事理，如果此时孩子还频频哭闹、经常发脾气，那么其原因大多在妈妈身上。

妈妈应该明白，发脾气是孩子正常的情绪宣泄，不要总是责备孩子，要允许孩子发发小脾气，但要找到孩子发脾气的原因，并想办法不让孩子发脾气。

超超的性格一向固执，他自己认准的事情就一定会去做，即便是妈妈不同意，他也会坚持到底决不回头。如果不按照自己的意愿去办事，他就发脾气、哭闹。妈妈对超超的这种表现十分头疼，总是提防着他的坏脾气爆发。

妈妈常常对朋友说：“我家超超在一般情况下都很乖，就是脾气一上来，怎么说、怎么劝都不管用，真是软硬不吃了。”一天，一位朋友对超超的妈妈说：“孩子总是有原因的吧？不会无缘无故就哭闹、不听劝吧？”

于是，超超的妈妈开始留心观察，发现超超总是在看到妈妈不耐心或有恼怒的表情后开始他的“发怒”情绪。超超的妈妈翻阅了一些育儿方面的书，其中讲到了孩子对归属感的寻求方式，不禁有些明白了。也许是因为超超看到妈妈生气，会想到妈妈是不是不再爱他了，所以有了危机感，因恐慌而暴怒的。

什么事情找到原因之后，就好办多了。有一次，超超又开始哭闹了，这次妈妈没有训斥或表现出厌烦的神情，而是和颜悦色地拥抱着超超说：“妈妈知道宝贝心里难过，也害怕，能不能告诉妈妈为什么难过呢？”这样问了一阵，超超终于吞吞吐吐地说："我看妈妈刚才生气的样子，以为妈妈不喜欢超超了。"

"傻孩子，妈妈怎么会不喜欢超超呢，刚才妈妈情绪不好，所以对超超的态度也就不好，这是妈妈的错。可是妈妈是喜欢超超的，你要相信妈妈。"这以后，每当超超有迹象要发脾气的时候，妈妈首先向超超声明她爱超超，这的确使超超平静了许多，不再没完没了地给妈妈"找麻烦"了。

有的孩子在受到挫折后会出现哭叫吵闹的现象，当孩子脾气发作的时候，很多父母都会感到十分的棘手。可是要怎样才能够制止孩子发脾气呢？对于这个问题并没有一个万能的答案，只能"对症下药"，首先要做的就是搞清楚孩子因为什么发脾气。就像案例中的超超妈妈找到了症结，也就找到了解决问题的办法了。

当孩子发脾气的时候，妈妈一定要注意，千万不要在成人中间形成几派。在生活中，面对孩子发脾气，妈妈不理睬、奶奶去哄劝、爸爸离孩子而去，还有人跑到孩子面前进行"讨好"，这些做法有的时候是欠妥当的。成人彼此之间一定要沟通好，一旦孩子发脾气，全家人应该采取一致的态度，否则他就会更加哭闹不止。

对于孩子来讲，喜、怒、哀、乐等情绪往往是毫无掩饰的，孩子敢爱、敢恨、敢说、敢笑，这种方式能够使得孩子及时宣泄自己内心的各种情绪，只要不干扰其他小朋友的正常学习和生活就可以了，妈妈要细心地去观察孩子，然后给予孩子足够的理解，允许他们去自由地表现，在理解孩子的基础上，进行引导，才能保证孩子心理的健康成长。发脾气虽然属于孩子不良的情绪宣泄，但是一定要容忍孩子发发小脾气，更要找到孩子发脾气的原因以便对孩子进行安抚。一定要根据孩子发脾气的原因"对症下药"，这样方能奏效。

第3章

与孩子心有灵犀，好妈妈沟通无障碍

孩子总是对这个奇妙的世界有着不一般的好奇，心里也总会萌发许多稀奇古怪的想法，从而做出一些令成人无法理解的"怪异"行为。妈妈如果想要好好引导孩子走上正确、健康的方向，首先要了解孩子的心理，这就需要妈妈努力与孩子进行沟通。在了解孩子的基础上，教育孩子，才能更好地激励孩子，帮助孩子实现自己的理想。

✱✱ 少打骂体罚，多给孩子留自尊

对于家庭教育的打骂体罚，有专家表示："刺激过多、过强和作用时间过久而引起心理极不耐烦或反抗的心理现象。当孩子犯了某种错误，家长如果一而再、再而三地对一个错误重复批评，孩子会从内疚不安到不耐烦到最后反感讨厌，甚至出现'我偏要这样'的反抗心理和行为。"所以，如果妈妈了解这个心理规律，孩子犯错时就应该遵循"犯一次错，不打骂、只批评，点到为止"的原则，不要对孩子的某次错误"揪住不放"，把问题说明、道理说清就可以了，一定要给孩子留点自尊。尊重孩子说起来容易，做起来可不简单，需要气头上的家长不断学会控制自己的情绪、体谅孩子的难处、善于运用语言技巧才能达到。

"小凌，你怎么把作文写成这个样子？"妈妈拿着小凌的作业本批评道。

"怎么了？"小凌一脸不解。

"你说怎么了？把作文写得驴唇不对马嘴，语文课上你到底有没有认真听课，有没有好好学习？"妈妈不断指责道。

"这篇作文确实不好写呀，我已经很努力了。"小凌解释道。

"努力？努力就是边写边玩，一会儿吃零食，一会儿折纸鹤，一会儿看电视吗？这么三心二意的，才会把作文写成这样！"妈妈越说越来气。

"我重新写一篇不行吗？"小凌说道。

"重新写？你看看现在几点了，明天不用上学吗？早干什么去了？"妈妈的声音越来越大。

"知道我明天还要上学，你就不要冲我吼，影响我的心情。"小凌也不乐意了。

"我影响你的心情？我辛辛苦苦地赚钱，送你去重点小学，结果你就给我学成这副模样？为什么你就不能体谅一下父母、懂事一点？"言语已经不能表达妈妈的怒气了，她用手连着打了小凌两拳。

"不许打人！"小凌躲闪不及。

"打你怎么了？爱之深责之切懂不懂？因为爱你，所以才要好好教育你！"妈妈不由分说地继续发泄着自己的不满。

随着孩子的慢慢长大，家长对孩子的要求也随之提高了，与之相对应，如果孩子的成长没有跟上家长期待的节拍，那么训斥甚至打骂就成为很多家长教养孩子的例行手法。

心理学家指出，"棍棒出孝子"的年代早已经过去了，体罚子女，弊大于利。妈妈在孩子的成长过程中滥用体罚会给孩子造成诸多心理问题。

滥用体罚，孩子心理问题多。妈妈相对于孩子来说是强势群体，所以她们往往要求别人来理解自己，而忽视了理解孩子，甚至忽视孩子的需求。但孩子的需要是客观存在的，综合起来看，他们主要有四种需求：妈妈的爱护和关怀；别人的接受和尊重；别人的赞赏和认同；在家里有自己的地位。而滥用体罚无疑会破坏孩子的这些心理需求。

妈妈偶尔的责怪、训斥、体罚，会让孩子伤心难过；妈妈经常打骂体罚孩子，会造成孩子缺乏自尊、自爱和自信，多疑、退缩、幼稚、没有安全感；妈妈不仅打骂体罚孩子，而且从没认识到自己的错误，还会造成孩子的逆反心理，不愿服从社会规范。也就是说，一味地打孩子不仅不能解决问题、获得教育孩子的效果，却有极大的可能会造成孩子种种不良的心态和心理偏差，产生新的问题。

滥用体罚，会破坏亲密感情。很多妈妈都片面地以为：惩罚就是给孩子点苦头，让他知道不听话的"后果很严重"。殊不知，亲子关系应该是一种尊重、平等、和谐、支持的关系，一旦滥用体罚，就会严重伤害孩子的自尊心。妈妈打骂越多，越容易丧失在孩子心目中的威信，亲子感情的隔阂就越大，严重的时候甚至会发展成对抗、对骂、对打。

滥用体罚，让孩子无法明辨是非。在日常生活中，常听到有些孩子抱怨："动不动就打我，什么都不说，上来就打。"打完之后，孩子其实并不明白，什么是对、什么是错。

稍微聪明一点的孩子会说："如果我做了哪些事，妈妈就会打我，我不想挨打，就不会去做那些事情。"这意味着什么？孩子是因为惧怕被打所以

不去做那些事情的，而不是因为那些事情是错误的而控制自己的行为。当孩子在做事之前考虑的是可能被惩罚的方式和轻重，而不是关心事件本身对错的问题，那么他从事件本身吸取的教训和经验就会少之又少，没有学会什么是该、什么是不该的是非善恶，孩子学会的只是如何逃避被打：说一套做一套，家长面前的乖孩子，家长背后的淘气包。

✳ 少批评指责，注重与孩子的互动交流

孩子的注意力较差可能是源自家长的教育方式不对：家长对孩子批评太多、赞赏太少，造成孩子"破罐子破摔"。为什么会这样呢？孩子还小，家长的负向强化会导致孩子的心理确认。家长如果频繁地指出孩子的注意力不够集中，他便会从心里暗示自己"我是个注意力不集中的孩子"，长此以往，孩子真的就无法集中自己的注意力了，甚至会出现逆反心理，即"你说我注意力不集中，我就不集中给你看"，注意力不集中会因此成了习惯。

许多妈妈都有这样的感受，那就是越批评，孩子越不听话，越让孩子集中注意力，孩子越心神不定，这让很多妈妈都感到非常苦恼。有没有什么方法能够让孩子听妈妈的话呢？在孩子不听妈妈的话时，又应该怎么办？

首先，给孩子转移注意力的时间。

当孩子集中注意力去看动画片而不是写作业的时候，妈妈提醒了几句，孩子却仿佛没有听见，甚至有点儿顶撞自己的意思，妈妈便立刻想要对孩子的三心二意加以训斥，但其实孩子在"专心"之时，是不能立马就听到家长在讲什么的。他需要几秒钟的时间将注意力转移到别的事情上。所以妈妈尽量给孩子留有一点反应的时间，不要急着批评指责，孩子往往能主动改正错误，无须家长的"鞭子"抽。

其次，不要和正在哭泣的孩子讲话。

孩子注意力不集中做了错事，妈妈批评了几句，结果孩子哭了，直接导致妈妈越发地不能容忍的情况也时有发生，这时候如果妈妈以为孩子是

要脸面、认识到错误，所以才哭，而去"再接再厉"地批评教育的话，其实往往收效甚微。因为对着一个正在哭泣、满脑子都是伤心的孩子继续说教就像是对着正在起飞的飞机大吼。妈妈的声音在孩子的耳朵中就像是被静音了一般，这种行为同时还会传递出一句潜台词："我现在要说的事情比你的感受还重要。"妈妈这时候应该静静地等待，直到孩子的哭声逐渐减弱之时再和他讲道理。

再次，慢慢地说，说话的时候注意停顿。

当妈妈说话的语速太快时，孩子为了避免自己受到冲击，所以会无意识地产生一种听不懂的错觉。所以妈妈在和孩子说话时，应该确保给孩子留有一些消化你刚刚讲的事情的时间，适当停顿，然后再接着讲下面的事情。

最后，注意并且调节肢体语言。

想要确定孩子是否将妈妈说的话听进去了，注意孩子的肢体语言便是一种很好的方法。如果孩子站在和家长距离很远的地方，或是背对着家长，或是目光看向别处，或是不停地做着小动作，很可能都是不愿意继续听家长批评的表现。这时候就算家长苦口婆心、滔滔不绝地说教，孩子心里想的却是"有完没完呀"，几乎不会听进去一句。所以在和孩子说话时，妈妈可以用一些眼神上的交流，或是身体上的碰触，比如拉着孩子的手、轻轻地碰碰孩子的肩膀，以此来和孩子取得联系，拉近心灵上的距离。

✳ 平等效应：蹲下来，与孩子面对面地交流

时常听见妈妈抱怨和孩子在沟通上出现了问题，甚至有不少家长认为自己和孩子无法沟通。很多时候家长的看法和做法，不能得到孩子的理解。而某些情况下，家长也无法理解自己孩子的想法和行为，这在家长和孩子

之间无疑形成了一堵厚厚的墙。每个父母，都爱自己的孩子，但是无论父母有多爱孩子，如果缺少了良好的沟通或交流方式，都无法让孩子心甘情愿地接受来自父母的爱。

传统的"家长主义"观念在21世纪的家庭中仍然盛行，在这种观念的影响下，家长通常都会认为，孩子必须服从于家长，可正是这种观点造成了父母和孩子之间的隔阂。于是，时常能听见有家长这样唠叨："我对他从小就进行严格教育，他怎么还是走歪路了呢？"人们也时常能看见这样的场景：节假日的时候，年轻的妈妈带着自己年幼的女儿去逛街，街上非常热闹，妈妈兴致高昂地牵着女儿去人多或者热闹的地方，脸上也是一片欢喜的笑容，而年幼的女儿却是一脸惊恐或早已哭花了的小脸，年轻的妈妈却不能理解，为什么自己认为的快乐场景在女儿看来却如洪水猛兽呢？如果这时候年轻的妈妈蹲下来，从孩子的高度去看看前面的人群，那时她应该会恍然大悟，原来自己的女儿从她的高度所能看到的全是满街走动的腿和扭动的屁股，而不是一张张笑容可掬的脸。

一位母亲发现自己年幼的儿子经常跑到楼顶上仰着头兴致勃勃地和太阳公公讲话。

母亲感到很奇怪，便走过去问儿子："儿子，你在干什么啊？"

儿子扬着他那可爱的小脸，告诉妈妈："我在和太阳公公讲话呢！我发现他太孤单了，都没有一个伙伴。"

母亲感到不能理解，便问道："太阳公公会讲话吗？"

"会的！"儿子兴高采烈地说。

看着儿子稚嫩的小脸，母亲又问道："那你为什么要跑到楼顶上来呢？"

"因为他离我太远了，我怕他听不见。"儿子认真地回答了自己的妈妈。

这位年轻的母亲心里涌起了一阵感动，儿子的话让她自责，并且让她反思，自己从前一味地埋怨孩子不懂事，不能理解妈妈的苦心，却从未想过，母亲的脸庞距离孩子太远了，以孩子的高度并不能看清楚母亲脸上的表情，又如何能理解母亲的一片苦心呢？

"那以后妈妈和你说话的时候就蹲下来，让你能听得更清楚好不好？"这位年轻的母亲低下身子亲切地对儿子说道。

儿子漂亮的眼睛里闪现出了惊喜的光芒，开心地说道："哦，太棒了，那我就不用每次都仰着头跟妈妈说话了，妈妈，仰着头很累的。"

这位年轻的妈妈听了，眼里滚动着泪花。

一个好的父母往往懂得低下身子，以同样的高度来和自己的子女交流，以平等的姿态倾听孩子的心声，让孩子感受到父母与他们之间的平等和亲密。

冰冻三尺，非一日之寒。妈妈理应意识到，要建立良好的家庭关系，家里的每个成员都应该是平等的，不管自己的子女年龄几何，放下自己作为家长的架子，放低姿态，蹲下来认真倾听孩子的心声，让孩子清楚地看到父母脸上的每一种表情，孩子才会对你们袒露自己的内心世界。因此，想要做个好家长应该这样做：

1. 蹲下身来保护孩子的童真

孩子感兴趣的事在家长看来也许是天方夜谭，譬如倾听蚂蚁说话，和太阳公公说再见，和小花、小草聊天，等等，你不要急着去告诉他们这是不可能的，蹲下身来以孩子的眼光欣赏周围的事物，最好让他们感觉你和他们一样也是一个孩子，是一个能讲故事、能和他们一起玩的"大孩子"。

2. 将孩子抱起来扩大他们的视野

妈妈在记得蹲下身的同时也别忘了在一些场合需要让孩子站得高、看得远。孩子的视野由于诸多原因受到了局限，但是好的父母应该将孩子抱起来扩大他们的视野，让他们初窥成人的世界，了解父母的想法。

3. 做孩子的好朋友

有些时候，孩子宁愿将自己的想法和心事告诉朋友，也不愿告诉父母，因为在他们心底，自己的想法和心事不会得到父母的认同。这时候，妈妈要蹲下来平视孩子，告诉孩子妈妈是这个世界上最关心你的朋友。你生病了妈妈会心疼；你开心了，妈妈会高兴；你犯错误了，妈妈会难过。让孩子体会到你是和他在一起的。

　　蹲下身来，放下家长的架子，学会以朋友的方式来和孩子相处，试着从孩子的角度来考虑问题，学会倾听孩子内心的想法。让孩子感受到父母和他是亲密无间的。和谐的家庭关系不是一朝一夕能建立的，需要点点滴滴的累积，父母、儿女是构成和谐家庭关系不可或缺的元素。孩子的心是最好攻破的，但是也是最容易设防的，好妈妈一定知道应该如何进入自己儿女的内心。

✻ 用提问的方法拓宽可选择项

　　妈妈在生活中，要注意对孩子的提问。提问不仅能够激发孩子的好奇心，更能够开阔孩子的视野。对于孩子来讲，他们的年龄还小，看事物总是看得比较"小"，不管是多么有意义的事情，可能到他们的眼睛中，根本没有多么大的意义，所以，妈妈一定要学会用提问的交流方式来开阔孩子的视野。

　　孩子在做事情的时候，往往需要的是妈妈给自己提出可以选择的选项，而不是直接告诉自己答案。而在现实生活中，妈妈为了节约时间或者是赶快解决问题，总是想要在第一时间内就给孩子提供答案，希望孩子能够接受自己的答案，妈妈也深信自己的答案是正确的或者说是非常值得信任的。但是这样如果时间一长，不但不会赢得孩子的好感，甚至孩子会对妈妈提出的答案产生抗拒的心理，因为孩子并没有通过妈妈的帮助，感受到妈妈对自己的尊重。所以说妈妈要想让自己的孩子变得积极和更加主动，不妨用提问的方式给孩子提出几个选项，孩子会根据自己的意愿去做选择，这样不但有助于孩子的成长，也会让孩子感受到来自妈妈的尊重。

　　孩子的人生是需要自己去做决定的，虽然妈妈不能替孩子做决定，但是完全可以给孩子做好榜样，让孩子找到大的方向。妈妈可以给孩子提供选项，而提供选项的最好方式就是通过提问的交流方式，这样不但能够让孩子感觉很自然，也能够让孩子感受到妈妈对自己的关注和尊重。所以说妈妈可以在为孩子提出选择的时候使用提问的交流方式。

　　小山的妈妈是一位中学老师，一般情况下，老师对自己的孩子要求会更加严格，不管是做什么事情，妈妈总是希望小山做得最好。并且，妈妈觉得自己是老师，很多东西都有发言权，于是在小山上哪所学校或者是学什么东西方面总是独断专行，小山根本感觉不到一点自由。

　　一次，妈妈对小山说："儿子，学校要办一个智能班，就是在课余时间培训孩子的智力，让孩子的记忆力变得更好，我替你报名了。"儿子听了妈妈的话，心里很生气，然后对妈妈说道："那你事先怎么不跟我商量一下啊，我也没说要去上这个班，你干吗独断地给我报名？"

　　妈妈看到儿子的表情很惊讶，然后对他说道："我这不是为你好吗？这又不是什么坏事，还用得着和你商量啊，即便是和你商量，到最后你也得去学。"

　　从那之后，小山和妈妈的关系也越来越僵，有的时候，小山在学校碰到妈妈，也不和妈妈说话。因此，小山的妈妈很苦恼，她觉得自己所做的都是为了孩子好，可孩子为什么还不理解自己呢。小山的妈妈将这件事情告诉了一个同事，同事说道："韩老师，您的教育方式有问题，您在替孩子做决定，这样根本是对孩子的不尊重，您要让孩子感受到您的尊重，这样才能够让孩子自愿地按照你的想法去学习。其实，这件事情，你完全可以先征求孩子的意见，问他如果有时间是想上智力班还是想去踢足球，可能孩子会选择踢足球，但是这也是孩子的意愿，尊重孩子的意愿不一定是错的。"

　　小山的妈妈听了同事的话，在以后的教子过程中，她都会先用提问的口气和孩子交流，虽然有的时候孩子的选择和自己想的不一样，但是孩子很开心，母子的关系也慢慢变好了。

孩子是需要尊重的，而最能体现尊重孩子的方法之一就是让孩子自己做出选择，妈妈可以用提问的方式来给孩子提供他们可以选择的选项，这样一来，孩子很可能会感觉到妈妈的关注，并且能够体会到妈妈对自己的理解，渐渐地，孩子也就能理解母亲的行为了。那么在生活中，妈妈在提问的时候要注意什么呢？

1. 多给孩子提供几个选项

或许孩子在做出选择之前，最希望妈妈能够给自己提供几个选项，只是这个时候妈妈总是想要替自己做出选择，这样的事情也不在少数。妈妈可以用提问的方式多给孩子提出几个选择，当孩子不知道要怎么做的时候，妈妈完全可以说"宝贝，要不周六我们去公园玩儿？如果你想去动物园妈妈也陪你去""要不周末我们去郊游吧"等这样的话。

2. 提出的选项一定要让孩子认同

很多时候，妈妈提出自己想要的选项时，根本不能得到孩子的认同，可能是妈妈希望孩子能够按照自己的意愿去做事情，因此会选择一些自己希望孩子做的选择去让孩子选择，这样孩子会感觉很失望的。

在沟通中，把自己的期望告诉孩子

妈妈都希望孩子能够成才，这种望子成龙、望女成凤的思想是可以理解的，但是即便是这样，也不要强迫孩子做他不愿意做的事情。妈妈不妨去为孩子找一个更好的方式，让孩子能够找到适合自己的发展途径，只有这样孩子才会做得更好，才会愿意去接受妈妈的期望。

在生活中，我们经常会发现这样的情景，妈妈对刚上小学的孩子说道："宝贝，你是不是愿意像隔壁的阿姨那样，上了小学然后上中学，又考上大学，然后到美国去读书呢？"孩子听了妈妈的话，问道："妈妈大学是什么样的呀？美国在哪儿，那里很漂亮吗？"妈妈回答道："上大学是一件很有面子的事，美国就是国外，到美国是别的小朋友都会羡慕的事，反正是一件很好的事情，你愿意听妈妈的话，好好学习吗？"孩子似懂非懂地点了点头，眼里却露出一丝丝茫然。母亲又接着强调地说道："好好学习的意思是要门门功课都要考100分。"孩子又是一阵点头，并且在妈妈的"威逼利诱"下保证："要听妈妈话，做个好孩子。"

这便是典型的大人对孩子的"误导教育"，这种做法对孩子的成长并不一定有好处。在生活中，如果妈妈对孩子有自己的期望，那么不妨直接讲出来，而这种引诱的方式往往会让孩子觉得自己的生活很被动，甚至会让孩子有一种很无奈的感觉。因为孩子的理解能力是有限的，这样，妈妈掺和了大量成人好恶观点的信息，便将某种"强迫"的思想灌入孩子的幼小的心灵。

妈妈都希望自己的孩子能够很好地发展，甚至能够继承自己的愿望，带着自己的期望去很好地发展。其实这种思想本身并没有什么问题，但是在和孩子沟通的时候，一定要按照孩子的思维，和孩子进行沟通，不要夹杂太多成人的观点。要让孩子明白或者能够听懂你在说什么，只有这样孩子才会更好地实现你的愿望，才不至于出现叛逆心理。有的时候，妈妈为了能够让孩子按照大人的意愿去做事情，为了让孩子能够实现大人的理想，会下力气让孩子去接受自己的思想，不管是强迫还是引诱，只要孩子能够按照父母的思想去学习，妈妈就觉得开心，但是妈妈似乎没有想过孩子当时的心情。那么在生活中，妈妈在跟孩子说出自己的期望时，应该注意什么呢？

1. 告诉孩子父母的期望之后，可以询问孩子的愿望

孩子虽然年龄小，但是也有自己的愿望，同样，孩子也会尽量去理解父母的愿望。因此，在妈妈想要孩子按照自己的期望做事情之前，还是要明确地告诉孩子自己的期望是什么，不要拐弯抹角，更不要去引诱孩子。

要用简单的语言去告诉孩子，尽量保证孩子能够明白你的期望是什么。当你在表达清楚之后，孩子或许会理解父母的期待。但是在妈妈表达出自己的期望之后，千万不要忘了去询问孩子的愿望是什么，如果妈妈认为让孩子知道父母的期望就行了，那么孩子可能会很难接受你们的思想。这个时候很有必要去了解孩子的愿望。虽然孩子的年纪还小，但是他们也有自己的愿望以及自己的理想，因此，在生活中，妈妈不妨去想一想孩子的梦想，听一听孩子的愿望，这样有助于妈妈进行下一步的安排。

2. 当孩子对父母的期望有所排斥时，可以暂时让孩子按照自己的愿望做事情

很多时候，孩子对父母的愿望都会产生排斥的心理，孩子会想：你们大人总是喜欢将自己没有实现的愿望强加在我的身上，我也有我自己的愿望。父母发现孩子对自己的愿望或者是期望有所排斥的时候，千万不要去斥责孩子，更不要去打骂孩子，要学会站在孩子的角度去思考问题，虽然父母的期望都是爱孩子的表现，但是不要让你的爱给孩子造成负担。在这个时候，父母要理解孩子，让孩子按照自己的愿望去做事情，或许这样孩子会变得更加开心和积极，不管是面对什么事情，孩子也会有更大的积极性。所以说当父母发现孩子有排斥思想时，尊重孩子的愿望，理解孩子，让孩子按照自己的想法做事情。

与孩子对话，注意腔调和语气

很多父母因为不知道如何和孩子进行有效的交流，通常在不知不觉中就用一些孩子很讨厌的声调，说一些违反自己本心的话，结果与孩子之间产生了不必要的冲突。

孩子兴冲冲地跑回家："妈妈，我想把在学校发生的所有事告诉你！"

妈妈："你说，你说，妈妈听着呢！"

孩子："我们班的小帅又把新来的女老师气哭了。"

妈妈："噢！"

孩子："小明和强子打架被老师罚站了。"

妈妈："噢！"一边说，一边还在厨房里不停地忙碌着。

孩子继续："我们要发新书了！"

妈妈："知道了！"

孩子有点儿不耐烦："妈妈，你到底有没有在听我讲啊！"

妈妈："听着呢，都听见了。"

孩子："那就给我复述一下。"

妈妈："我现在忙着呢！"

孩子："算了，我也不跟你说了，你好像一点儿也不关心，我回屋了！"

没有哪一位父母想要让孩子伤心，也没有哪一位父母会对自己说"今天只要有可能，我就要让孩子下不来台"，只不过有的时候没有注意罢了。

有相当多的家长，生气的时候就会变得口无遮拦。因为他们感觉，自己家的孩子，他们拥有打骂的权利，因而多难以入耳的话都能说出来。有时感觉说得越难听，越能引起孩子的注意。这些家长哪里想到，许多严重后果就是这样产生的。绝对不可以说出口的一些带有侮辱性质的话，比如：

"你以为你是谁，你可是我养大的！"

"给我滚！就当我没有你这样的儿子！"

"你非常讨厌！"

"你简直一无是处！"

"养个你这样的孩子，我当真是倒了八辈子的霉了！"

诸如此类的恶毒的言语对孩子都是一种致命的"威胁"。孩子听到，内心的难过有谁知道？或者这话会让他感到自己是个不应该生活在世上的人，是父母的累赘，可又没有能力改变这个现实。这种矛盾的心理会让孩子感到惶恐不安与无所适从。这样的情绪压抑得越久，就会化为愤怒，总有一天会完全爆发出来。到那时，很可能会造成无法收拾的后果。

作为妈妈，想要让孩子采纳自己的意见，让教育达到一定的效果，就要学会和孩子对话，必须注意与孩子交流的口气。

在与孩子交谈时，妈妈应注意自己的态度，注意与孩子说话的腔调和语气，特别要注意以下几点：

1. 要平等对待孩子

教育孩子，不要摆家长的架子，否则，很容易将孩子"屈打成招"，让孩子对你更加反感。在心情好与不好的时候都要注意教育孩子的态度。

2. 要以孩子为中心

孩子也有自己喜欢谈论的话题，妈妈要以孩子关心和感兴趣的话题进行交谈，更加方便妈妈了解孩子的思想动向，当然，妈妈和孩子有共同感兴趣的话题更好。

3. 要有足够的耐心

孩子的认识有限，人生经历尚浅，有些问题孩子不一定能很快理解，妈妈要有足够的耐心帮孩子慢慢理解。

✲✲ 纠错效应：你先承认错误，孩子就会跟着认错

"金无足赤，人无完人。"每个人都难免犯错误，为人父母者也一样，有时候关心则乱，因此犯错误在所难免。作为家长犯了错误，就要放下家长的架子，真诚、及时地向孩子承认错误并道歉，这样的言传身教不仅有利于维护家长在孩子心目中的形象，更有利于孩子的成长与发展。

诺贝尔生理学及医学奖获得者艾德里安是英国著名的神经生理学家，

艾德里安定律就是以他的名字命名的一个伟大发现。他出生于一个贵族家庭，父母都受过良好的教育，他们重视对儿子的教育，但不蛮横，家庭气氛较为民主，对于该做的或者有意义的事艾德里安的父母从来不阻止，但是不能做的也坚决不允许。

小艾德里安从小就对解剖感兴趣，小时候经常解剖一些小动物，如小昆虫、小老鼠等。一天，小艾德里安在河边玩耍，忽然看见岸边躺着一只死狗，他想到自己昨天刚在一本生理学的书上看了有关解剖狗的知识，今天恰好用这只狗来试验一下，想到这小艾德里安很兴奋。于是，他费了很大的劲将那条死狗拖上岸，开始了他的解剖工作。他掏出随身携带的小刀、笔记本和钢笔，一边解剖，一边记录，全身心地投入到了这件事情中，甚至忘了回家的时间。

天色已经很晚了，小艾德里安的母亲看到孩子还没有回家，开始焦急地四处寻找，一位熟人告诉她小艾德里安在河边，正在玩一条死狗，浑身弄得脏兮兮的。于是，她马上跑到河边。当她看到艾德里安正在那里摆弄死狗时，便怒不可遏地严厉责骂道："你把谁家的狗打死了？妈妈平时是怎么教你的？"

小艾德里安心里十分委屈，他对母亲说："妈妈，这条狗不是我打死的，是我在河边玩的时候看见的，那时它就已经死了，躺在河边呢，不信你过来闻闻是不是已经臭了。"

"就算这样，你也不能这样对待小动物啊，你看你把它的身体弄得残缺不全了。"妈妈仍是不赞同地说道。

"妈妈，我这是在解剖呢，你来看看我的解剖记录，我还发现了不少自己以前不知道的东西呢！"小艾德里安见妈妈的语气缓和了，赶紧解释道。

母亲冷静了下来，并且回想自己的儿子从小就对解剖感兴趣，因此她意识到自己错怪了儿子，立刻向小艾德里安真诚地道歉："对不起，妈妈错怪你了。妈妈向你保证以后不再冤枉你了。"

小艾德里安得到妈妈的理解和支持后开心地笑了，在妈妈的注视下继续开始没有完成的记录。艾德里安在成长的过程中，正是因为妈妈的支持和理解，才有了他日后在生理学上的伟大成就。

　　妈妈应该学会在做错事情或者错怪了孩子后及时地向孩子道歉，放下家长的架子，真诚地对孩子说声"对不起，我错了。"通过言传身教来教育孩子做一个敢于承认错误的人。也许有些家长认为在孩子面前道歉失去了家长的威信，或者觉得"自己是孩子的父母，哪有父母给孩子道歉的道理"。然而他们却不知道，正是这种家长的架子使自己和孩子之间的距离越来越远。那么，妈妈应该如何正切对待自己在孩子面前犯的错误呢？

1. 不要在孩子面前掩饰自己的错误

　　妈妈不可避免地会在孩子面前犯错，妈妈犯了错千万不要急着掩饰，也不要认为"小孩子年纪小不懂事"，孩子虽然不能确切知道怎么回事，但潜意识中会对妈妈的行为感到疑惑，这样的话来误导孩子，妈妈应该勇敢地说出自己的错误，来正确引导孩子意识到这种行为是不对的，以自身为例好好教导孩子。

2. 真诚并且及时地向孩子道歉

　　当妈妈错怪孩子后，要及时并真诚地向孩子道歉，不要让孩子对你产生隔阂。只是一句真诚的"我错了，宝贝"，善良的孩子会"小人不计大人过"的。给孩子道歉要及时，错怪了孩子，会误导了孩子的价值观和是非观。

3. 选择适合孩子的道歉形式

　　不同年龄阶段的孩子在想法上也存在偏差。年龄较小的孩子心思较为单纯，因此，妈妈在错怪孩子后，应向孩子承认错误并道歉或者给他们买一份礼物来表示自己的歉意，让他们看到妈妈明显的转变。而对于年龄大一些的孩子，除了向他们承认错误并真诚地道歉以外，还要向他们解释自己犯错误的原因，让他们意识到妈妈一直都是支持自己的。

✳ 欧弗斯托原则：掌握说服孩子的有效技巧

在劝导一个人的时候，借助巧妙的说辞，让对方不能拒绝你的建议，这就是英国心理学家欧弗斯托指出的"欧弗斯托原则"。

很多人都有过这样的体验，在快餐店点餐时，当你对服务员说"我要一个包子和一份炒面"时，服务员肯定反问："好！您点了一个包子和一份炒面，那么您要喝小杯奶茶还是大杯奶茶呢？"于是，你多半会这么回答："来杯小杯的吧！"

不得不说这是一个非常高明的"说服术"，对方不是问你"要不要薯条"，而是要你在两个答案中做一个选择——中薯条或是大薯条。如果你一时间没有觉察到，中了对方"你需要薯条"的假设，过后再思量"大"还是"中"的问题，那么服务员就已经成功地说服你再多花一些钱了。

在日常生活中，妈妈经常得说服孩子做一些事，或是在双方意见不一致时，妈妈想要孩子听从自己的建议，可是无论用什么方法也说服不了他。其实，和孩子对话是一门有规则的独特艺术，要想达到目的，以选择题（中薯条还是大薯条）代替是非题（要不要薯条）的做法，不失为一种高明的沟通方式。

一个周末，鹏鹏想看恐怖片，而他的家长希望一家人开开心心地看喜剧片。这时，鹏鹏妈妈直截了当地说："鹏鹏，我们别看吓人的电影了，一家人一起看周星驰的喜剧片好不好？"听妈妈这么一说，鹏鹏不乐意了，当即说："不要，我就要看恐怖片。"结果家长和孩子各执己见，僵持了很长时间，气氛也搞得很不愉快。

后来，鹏鹏妈妈在网上和一位教育学专家聊起这件事，对方给她讲了"欧弗斯托原则"，并告诉她，这种事情不难应对，如果你换了选择题的说法，结果就会大不一样。

听了教育专家的建议，在一次看什么电影的问题上，鹏鹏妈妈主动这么说："鹏鹏，你是想吃饭前看《少林足球》，还是饭后看呢？"令大人觉得不可思议的是，鹏鹏做出的选择令他们很满意。

很显然，之前的亲子沟通很容易凸显出家长和孩子意见上的矛盾之处，让孩子心生防卫，和父母对着干。而用选择题代替是非题，并用家长能接受的方案作为选项，这么一来，不论孩子做出哪个选择，做家长的都可达到让孩子少看恐怖片的目的。这种不着痕迹的说服方式，只要多练习、常利用，自然就会得心应手，成为一个超有说服力的父母。

再举个例子，妈妈想叫孩子关上电视做功课，这时与其大吼"快把电视关了，去做功课"，不如说"孩子，你是要先吃饭还是要先做功课呢"。

其实，每个人喜欢的沟通方式都会有所不同，如果想让孩子不反对你，在一开始跟他们沟通的时候就要让他们对你不反感。

日常生活中，妈妈与孩子几乎每天都在沟通，可是让很多妈妈困惑的是：很多时候，你与孩子之间只是在频繁地进行"沟"，而实际效果却往往没有"通"。掌握说服孩子的技巧，妈妈和孩子之间的对话才不会毫无效果。心理专家建议聪明的妈妈可以这么做：

1. 反省自己的行为

有的时候，孩子之所以跟我们对着干，往往是因为妈妈过分控制孩子或是过度保护孩子，家长的所作所为是导致孩子反抗的最直接原因。所以，当孩子反抗时，我们要反省一下自己，是不是说得过多？是不是老在下命令？是不是动不动就唠叨和责备孩子？

2. 不要急于发表看法

如果孩子喜欢犟嘴，那么说服他的时候，不妨先耐心地听听孩子的想法，等孩子把话说完后，你再发表自己的看法。

3. 猜测孩子挑衅背后的原因

面对孩子的挑衅行为，家长可以多问问孩子，比如：“你顶嘴是不是因为我们管你管得太严？”如果孩子不肯告诉你，你可以试着猜测是什么原因让孩子反叛你。如果你的猜测正确，孩子会觉得获得了你的认同和理解，他们也会讲出自己的真实想法；如果你的猜测不正确，那么不妨再试一试。

4. 只要有可能，多给孩子一些选择

跟孩子沟通时，多问孩子一些类似选择性的问题，比如，“这个怎么样”“你觉得……”，而不要用“你为什么不能……”“你应该……”这样的话。

此外，要想让孩子不加抵抗地改变主意，我们还需学会晓之以理、动之以情，这是任何消极对立的观点都难以招架的。要知道，相比简单生硬的命令和责难，打动孩子的感情更能得到孩子的认同与理解。

自己人效应：让孩子把你当成“自己人”

“自己人效应”是指对方把你当成“自己人”。在人际交往中，如果双方关系好，一方提出的观点或建议，另一方一般会接受。

“自己人效应”同样也适用于家庭教育中。和孩子做好朋友，让孩子把你当成自己的朋友一样对待，孩子会发自内心地与你交流，听你讲话，在这种沟通方式下，亲子双方自然会产生感情的共鸣，教育的目的也就更容易实现了。

赵雨上六年级时，学校要举行语文知识竞赛，赵雨告诉妈妈：“老师想让我参加纠正错别字竞赛。”

“这是件很好的事，你去报名了吗？”

"还没有。"

"为什么？是不是没有想好？"妈妈问。

"竞赛时台下会有很多人看，我有点儿害怕。"赵雨很激动，毕竟这是她第一次参加这种集体性的竞赛活动。

"我能体谅你的心情，妈妈读书的时候一遇到这样的情况也会很紧张，但是要是参加竞赛的话，也可以锻炼锻炼自己，不过这件事你还是自己决定，我只是告诉你我的想法。"妈妈鼓励道。

后来，赵雨自己决定参加这次全校范围内的语文知识竞赛。

案例中，赵雨的妈妈是位家庭教育的有心人，她也是明智的，她让孩子自己做决定，并且能理解孩子的心情，最终，孩子接纳她的意见。

我们都知道，任何父母，都希望自己的孩子把自己当朋友，对自己倾吐成长中的烦恼与快乐，然而，孩子年龄越大越难与他们沟通，这是很多父母共同的感受。这是由什么造成的呢？其实，孩子也想对父母说心里话，只是很多父母不懂沟通技巧，在沟通中多半端着家长的架子，甚至和孩子置气，孩子又怎么愿意与你沟通呢？因此，聪明的父母会使用一些沟通技巧，让孩子把自己当成"自己人"，这对维持亲子间的良好感情关系很有帮助。

生活中，我们常常发现，同样一个观点，如果是自己喜欢的人说的，接受起来就比较快和容易。如果是自己讨厌的人说的，就可能本能地加以抵制。有道是："是自己人，什么都好说；不是自己人，一切都得按规矩来。"同样，在家庭教育中，如果我们也能让孩子把我们当成自己人，那么，就会拉近彼此之间的心理距离，孩子也会消除心理压力，就不会对你心存戒心，沟通就会产生良好的效果。

可见，如果我们懂得如何和孩子沟通，让孩子把我们当"自己人"，孩子是愿意和我们沟通的。具体来说，让孩子把我们当"自己人"，需要我们做到：

1.转变观念，平等对待孩子

孩子还小，但也有自己的精神世界，对待事物也有自己的想法和看法。

妈妈首先要明白孩子是一个独立的个体，不是自己的附属物。

作为好妈妈就要转变观念，不要再拿"妈妈特权"来压制孩子。孩子虽然小，在有些方面不如自己，但是只要耐心听他诉说，孩子也可以说出更好的建议。

在生活中，与孩子有关的事情，妈妈要多与孩子交流，不要拿旧观念来压制孩子的想法。以平等的态度对待孩子的想法，孩子就能在良好的环境里快乐地成长。

2. 转变身份，做孩子的良师益友

孩子在成长的过程中，总是会犯各种各样的错误。妈妈千万不能动辄就摆出家长的架子，以长者的姿态来教训孩子，因为孩子也是有自尊心的。

同样的，妈妈不要老把自己的想法灌输给孩子，而不管他是否理解，是否心悦诚服地接受。这样的教育方法是不会有什么好的效果的。

在某些时候，孩子也会时常做出令人不如意的事情，如果妈妈动不动就拿自己的长者姿态来训斥孩子，把孩子说得一无是处，孩子幼小的心灵就会受到伤害，就会更加不听话，与妈妈对着干。所以，好妈妈一定要摆脱传统的教子观念。

好妈妈要转变身份，把自己当成孩子的良师益友，用平等、真诚的态度与孩子沟通。这样的话，孩子才愿意向妈妈吐露心声，才能从中找出孩子失败的原因，从而解决问题。

3. 灵活运用多种方法跟孩子平等相处

由于年龄不同，所造成的认知水平是不同的，在教育孩子的时候，要善于用多种方法跟孩子平等相处。

有些时候孩子所犯的错误，并不是通过妈妈的强制就能改正的。当妈妈在处理问题的时候，应该充当"顾问"的角色，要给孩子适当的建议督促孩子改正。

好妈妈一定不能当"霸王妈妈"，遇到问题就火冒三丈，而要冷静下来，考虑一下孩子的感受。等到孩子静下心来，再用合适的办法让孩子认识到错误，进而改正，这种办法很有效。

只要考虑到孩子，与孩子和平相处，孩子也会跟妈妈相处得很好，从而使家庭更加和谐。

✳ 试着做孩子的知心朋友

一位教育专家曾经说过："要用 99% 的时间做朋友，用 1% 的时间做家长，这样，孩子才会理解自己的父母。"父母不可能永远都是对的。如果想让孩子也理解你，那就不能高高在上，而要成为他的朋友，在平等相处中相互谅解、互相帮助。

那么，具体来说应该如何做呢？

妈妈要给孩子尊重、自由和权利。我们来看下面的一个事例：

猛猛刚升入初中，就自作主张把头发染成了黄色。回到家，他有些心虚，坐在自己屋里不敢出来。等妈妈喊他吃晚饭，他不得已才出来。尽管他戴了顶帽子伪装，妈妈还是一眼看到他的变化了，就一下子把他的帽子摘下来。猛猛心想这下完了，没想到妈妈竟然笑了："嗯，我儿子一染头发更帅了。不过，经常染发会有损发质，而且你现在是个初中生，学校应该不允许染发的。答应妈妈，整个初中都不要再染头发了，好吗？"

猛猛答应了妈妈的要求，一家人快快乐乐地吃起了饭。

　　每个孩子都有着自己鲜明的个性和独立的思想。妈妈在家中，不应该是独断专行的家长制作风，要做孩子的朋友，在平等前提下和孩子进行交流。给他一定的自由去做自己想做的事，并适当引导。通过这样的过程，他会更加体谅妈妈，也会变得更自信。

　　尤其是当孩子进入十几岁时，生理处在快速发育期，性格也在逐渐完善。妈妈要细心感受他的变化，多和他交流沟通。关心他的学习，还要关心他身体和心理的变化。尊重孩子的思想，和孩子像朋友一样相处，那么孩子什么话都敢和妈妈说了。

　　妈妈要对孩子的信任始终如一。对待孩子的一致性，是孩子对妈妈信任的基础。当孩子预先知道妈妈的意图以及妈妈对什么事情会有怎样的反应时，他们就会感觉到比较安全，这种安全也是构成他对妈妈信任的基础。

　　只有那种像朋友一样的沟通和交流才是友善的、和气的，容易被孩子接受的。作为妈妈，应该放下架子，平等真诚地与孩子沟通，了解他们的烦恼与困惑，从而引导他们养成完美的性格与良好的习惯。

第4章

情绪管理，帮孩子消除内心的阴影

孩子的心理是最脆弱的，往往你说什么，孩子便会信什么。鼓励的语言会让孩子信心百倍，粗暴的呵斥会让孩子的心理受到极大的伤害。儿童时期是培养健康心理的黄金时期，影响着孩子将来的发展。所以，妈妈一定要注意呵护孩子现阶段的心理，当好孩子的心灵辅导员。

✳ 消除急躁心理：培养孩子"滴水穿石"的耐心

跟小朋友排队玩滑梯，麦麦总是着急插队；一个玩具玩不到几分钟，麦麦就没了耐心；吃饭的时候狼吞虎咽；走路的时候跌跌撞撞……

妈妈不禁心有疑虑，麦麦怎么就一点儿耐心都没有，孩子的"急性子"会不会是个坏毛病？

一般来说，"性子急"的孩子都是聪明的孩子，他们接受知识的能力较强，很容易掌握学到的知识，比如急着表达自己刚学会的话，急着以跑代走，急着吃东西，急着换玩具。急性子的孩子还有一个显著的特点是灵活、敏捷。从这个意义上说，孩子性子急一点，不是什么坏事，妈妈没必要为此感到焦虑。

但是，急性子的孩子往往同时也有另外一个"致命伤"——缺乏耐心。因为够"聪明"，所以孩子的注意力会特别容易分散，不善于安下心来认真完成某些事情。吃饭吃得太急会呛到、噎到，跑步跑得太急会摔倒，等不及与其他人分享游戏，也不太能遵守公共秩序……

现代的社会讲究高效率，生活的节奏也很快，急性子孩子的妈妈回忆一下，在家陪伴孩子的时候，有没有出现过"督促""催促"孩子的情况呢？好强的妈妈都希望自己的孩子学得快，长得快，事事不甘于人后。可是，这种不尊重幼儿客观发育现状的急迫心态，跟"揠苗助长"又有多大区别呢？

性格的问题既有先天的因素，也有后天的问题。如果孩子的妈妈和爸爸都是急性子，那孩子也是急性子就一点都不足为奇了。尤其是孩子本来就急不可耐，妈妈又在一旁焦急地喊："慢点，急什么？"这种方式会有利于孩子"慢"下来吗？

凡事都具有两面性，妈妈要接受孩子先天的"急性子"脾气，发扬其有利因素；同时也要注意自己的教育方式，适当地弥补孩子的不足，让孩子在一个相对平衡的氛围中健康成长。

培养孩子的耐性，有以下几个方法可以参考：

1. 对待孩子和生活，我们要有耐心

没有耐心的人，许多事情都会办不好。孩子如果没有耐心，会哭闹、发脾气。这时候，很多妈妈看见孩子哭闹，也会表现得很烦躁，会通过威胁、恐吓制止孩子的苦恼，这其实是妈妈没有耐心的表现。妈妈这样做，孩子也会选择用这种方式对待别人。

在生活中，我们常常会遇到一些小麻烦，是耐心地理清头绪、解决麻烦，还是在麻烦中抱怨、因麻烦而中断一件事情的完成？我们选择的态度会被孩子吸收并内化。

所以，要让孩子有耐心，我们首先要在他面前有耐心。

2. 在孩子专注"工作"时不要干扰他

儿童教育专家认为，每一个孩子都有专注的潜质。如几个月大时，孩子开始吃手，这是他这一时期的"工作"，在手干净的前提下，如果成人不干涉他的"工作"，他就会专注于这一件事，直到获得自我满足。如果想让孩子有耐心，我们就不要在他专注于某一件事时呼唤他、干扰他。我们可以在一旁静静地观察，感觉他结束了手中的"工作"时，再呼唤他做其他事情。

3. 以生活小事磨炼孩子的耐心

在我们的生活中，可以用很多生活小事磨炼孩子的耐心。如孩子对绿色植物情有独钟，那就为孩子提供种子和花盆，让他自己动手种下去。如果他想看到绽放的花朵，就要等待种子发芽、长成小苗、长出茎叶，而且还需要浇水、施肥、松土等，这是一个漫长的过程。这个漫长的过程不仅有益于磨炼孩子的耐心，还能提高孩子的观察力，培养孩子的责任感。

再如，生活中最普遍的整理房间这件事也能磨炼孩子的耐心。擦干净桌子的每一处、扫干净地的任一个角落……事情很简单，但要完成却需要足够的耐心。

此外，我们的生活中有许多需要排队的事情。如在超市购物要排队付款，去银行取款、缴费需要排队……对于孩子力所能及的这类事，我们不妨交给他来做，排队能让孩子学会耐心地等待。

❊❊ 消除自卑心理：纠正孩子自卑的性格

自卑是指一个人严重缺乏自信，常常认为自己各个方面不如别人，常用自己的短处和别人的长处相比，具体体现在遇事不相信自己的能力，办起事来爱前思后想，总怕把事情办错被人讥笑。说得直接一点，也就是自我评价过低，自己瞧不起自己。

自卑性格的形成往往源于儿童时代。一个人小的时候，正是性格和意识发展的重要时期，也是一个人学习功课、掌握本领的重要时期。此时如果产生了自卑感，不相信自己有能力改变世界，整日带着消极和自卑的情绪去生活，那么他们就会接受这种缺乏信心的心理暗示，产生许多行为上的困扰，妨碍学习、生活和人际交往的正常进行。这对于孩子的成长是十分不利的。

阔阔从小生活在农村，他的学习成绩一向优异，小学毕业的时候，以全镇"状元"的身份考入了市重点初中。

可进入中学后，他发现自己说的普通话带着很浓重的"农村腔"，听起来总觉得很别扭；同学都是来自全市各个学校的尖子生，和他们一比，自己简直一无是处。论家庭条件，自己不及同学好；论交际能力，自己不如同学强；文体方面，自己更是没有任何特长。一想到这些，阔阔自卑极了。

以前小学的 6 年中，阔阔每次都是第一名，深得老师们的喜爱，也受到同学们的羡慕和尊敬。可是现在，连第 10 名都未必能进去。

在这种自卑感影响下，阔阔每天无精打采的，他觉得自己就像一只小蜗牛，扛着沉重的壳，一天到晚活在自己的壳中。

自卑是一种性格上的缺陷，来源于心理学上的一种消极自我暗示，表现为对个人能力和品质偏低地评价。有自卑感的人常常胆小、怯懦、孤独、沉默，不喜欢交际，缺少知己，活动能力差，进取心不强，他们更多地考虑自我，对人不够热情，经常回避群体活动，缺乏自信心。

一般来说，孩子自卑感的产生，有以下两个原因：一是由于目标过高连遭打击；二是与他人相比在某些方面存在劣势，以致造成不良的自我暗示。

毋庸置疑，当孩子感到自卑的时候，这种消极情绪会像野火般迅速蔓延，吞噬他们信心坚守的阵地，让他们失去前进的动力。因此，妈妈应关注自己的孩子有没有自卑心理，一旦发现，须尽早帮助其克服和纠正，以免形成自卑性格。妈妈可以采用以下几种方法消除孩子自卑心理：

1. 给孩子更多积极的评价

嘲笑与指责不但不会使孩子改正缺点、获得进步，反而会使孩子产生一种心理上的恐惧感，从而否定自己，进而产生自卑感，严重的还会意志消沉、精神萎靡，所以说，妈妈

不要奢求孩子能完美地做好每一件事，而应该首先鼓励孩子去做，然后努力发现孩子在做这件事的过程中值得肯定的方面并及时表扬，从而慢慢增强孩子的自信心。要让孩子懂得做该做的事，并努力把它做好，这本身就是成功，也是对自己最好的肯定。

2. 父母对孩子的要求要适当

帮助孩子克服自卑，妈妈的要求要适当，不能苛求孩子，妈妈对孩子的要求应该与孩子实际的能力和水平相适应。孩子取得了成绩，妈妈应及时表扬、鼓励，使孩子对自己充满信心。对于平时学习成绩差、考试总不及格的孩子，妈妈应以关心和安慰的态度，帮助孩子分析错误原因，总结经验教训，给孩子以耐心的指导，一步步地提高孩子的成绩，让孩子看到自己的进步，逐渐树立自信心。

✲✲ 消除焦虑心理：帮助孩子走出焦虑的沼泽

在孩子的成长过程中，总是会出现这样或那样的问题，让妈妈苦恼不已。其中，随着孩子年龄的增长，孩子生理和心理以及自我的认知都发生了巨大的变化，很多孩子这时都会滋生焦虑的心理，甚至患上焦虑症。

婷婷今年6岁了，在进入小学后，由于多了一些作业，再加上老师时不时地会批评一些没有回家看书的小朋友，她就很担心自己，经常会问妈妈："我的英语单词还没有记住，怎么办？""我的作业还没有写好，怎么办？"甚至于晚上躺在床上睡不着，也会很焦虑地问妈妈很多遍："时间不够了，我还有好多事情没有做好呢，怎么办啊？""我老是想尿尿，怎么办？""我睡不着，眼睛闭着休息，可以吗？"……面对这些每天都会重复的问题，妈妈虽然都同她说没有关系、不要担心，可是这似乎都没有改变她的心理状态。

焦虑心理是一种将经历过的情绪体验和欲望压抑到潜意识中去的结果，对孩子的健康成长是极为不利的。在这种心理情绪的困扰下，孩子常常会处在一种焦虑不安的状态，常常对生活缺乏正确客观的认知。因此，妈妈在对孩子的教育过程中，一定要注重加强对孩子情绪、心理的疏导和教育。具体来说，妈妈可以从以下几个方面入手：

1. 帮助孩子恢复自信是治疗焦虑症的必要前提

妈妈应当帮助孩子树立自信，正确认识自己，相信自己有处理突发事件和完成各种工作的能力。通过暗示，孩子每多一点自信，焦虑心理就会降低一些，同时又反过来使自己变得更自信，这个良性循环将帮助孩子摆脱焦虑的困扰。

2. 仔细观察孩子的平时表现，及时为孩子解压松绑

鉴别孩子是否过度焦虑，有两种方法：一种是家长、教师常用的经验观察法，另一种是运用心理学量表进行测量分析。凭经验观察，一般是从这几方面进行：

（1）观察孩子的神情。孩子年龄小，不善于掩饰内心世界，他们的焦虑紧张心态往往从表情上反映出来。

（2）观察孩子的行为。孩子过度焦虑紧张的时候，其行为表现常常发生较明显的变化。平时生动活泼的孩子变得"规矩"起来，平时安静乖巧的孩子突然变得烦躁起来；复习或写作业时不知所措，常常是刚拿起数学书没看几页就放下，又拿起了作文本，作文写了个开头又停下来，准备做数学题。

（3）观察孩子的语言。比较外向的孩子往往能直接说出来，妈妈易于发现；比较内向的孩子因为过分焦虑紧张，变得更加少言寡语。

（4）观察孩子的生理反应。多数孩子在过度焦虑紧张的时候，会产生相应的生理反应：有的不思茶饭，有的哈欠不断，有的头疼脑热，有的旧病复发。

3.采取多种措施缓解孩子的焦虑紧张心态

当孩子出现过度焦虑紧张的症状时，需要采取多种措施缓解。

（1）音乐缓冲法。让焦虑严重的孩子经常听听舒缓、轻柔、优美的乐曲。

（2）幽默娱乐法。带孩子去听听相声，与孩子一起看看小品、幽默漫画，同孩子一道参加娱乐类活动。

（3）自我"欣赏"法。让焦虑严重的孩子坐在镜子面前，看看自己焦虑的表情，对镜中的自己倾吐心中的焦虑。

（4）后果重估法。严重的焦虑往往来自对后果的过分估计。考试焦虑的孩子往往认为考试成绩非常非常重要，少1分，天就可能塌下来。家长要引导孩子意识到：一次考试虽然重要，但不能说明一切，这次考不好，还有下一次。

（5）整理活动法。要求孩子每天整理好自己的生活用具、学习材料。经常分配孩子干一些"整理抽屉""整理房间"之类的活儿，也能减轻孩子的焦虑情绪。

❋ 消除自负心理：自负是孩子成长的拦路虎

"妈妈，你看我又考了全班第一，我真是个天才，哈哈！"孩子有了成绩，自然不愿藏在心里，恨不能拿起大喇叭通知所有人，一起分享他的快乐。而妈妈看到孩子的成功，一样也是喜不自禁，由衷地夸赞起来。

妈妈的赞扬没有错，这会让孩子充满自信，敢于迎接挑战。但是，我们千万别赞美过了头，让孩子的信心过于膨胀，形成目中无人的自负。自负的孩子对于挫折的承受力较差，一旦遇到挫折，他就会脆弱地不敢面对现实，心理状态迅速崩溃。并且，自负的孩子，习惯于意气用事，高估了自己的真实实力。

　　阳阳原本是个自信开朗的孩子，可是自从一次测验后，妈妈觉得儿子身上出现了问题。原来，妈妈询问他考得如何，阳阳回答"挺好的"。可是，开家长会后，阳阳的妈妈才发现，儿子最近的成绩比较靠后，根本不像他说的"挺好的"。

　　阳阳的妈妈很生气，于是找到了儿子，厉声问道："考出这样的成绩，你还认为挺好的吗？原来你一直欺骗我们，真不像话！"

　　面对妈妈的指责，阳阳鼓着腮帮子说："这次出的题目太偏了，我复习的内容都没考！否则的话，我一定会考得很好的！看下次，肯定能进前十名！妈妈，你要相信我的实力非常强，同学们根本不是我的对手！"

　　听完儿子的这番话，阳阳的妈妈气得无话可说，无奈地摇着头。

　　我们能感受到阳阳对自己的那股子自信劲儿。可是，谁都明白，他的自信其实就是自负。如果照此发展下去，阳阳的"自信"很可能会降低他努力的劲头，使学习停滞不前。

　　所以，所有的妈妈都要看清自己的孩子究竟是自信还是自负。对于正在成长中的孩子来说，他们的情绪和性格特征还不稳定，常常会混合着出现自负、自信、自卑等多种情绪。是自信，我们当然积极鼓励；但对于自负，我们也一定要积极扭转。倘若不加以引导，由着孩子自己的性子来，那么就有可能造成孩子走一辈子的弯路。青春期时，自负的孩子很难与同学和睦相处，狂妄自大的性格也会让人们主动疏远他，让孩子感受不到成长的快乐；到了成年，他们会更加眼高手低，经不起挫折与打击，一旦人生出现拐点，就会心态失衡、一蹶不振，从骄傲走向悲观、自卑和自暴自弃，否定自己的一切，抱怨现实的不公，抱怨社会的黑暗，甚至抱怨自己的父母："都是当年你们纵容我，才让我如今到处碰壁！"

　　所以，在孩子自信心培养的问题上，妈妈一定要注意把握好"度"，过强或过弱都会造成孩子的心理偏差。下面，我们就来看一下如何才能把握好这个"度"，以让自己的孩子能够"正确地自信"。

1. 表扬和批评一个都不能少

自信是一种自我意识，是对自己所具备能力真实水平的正确估计。由于孩子心智尚未成熟，他们的自信心的培养还需要妈妈及师长的引导和培养。如果孩子经常得到高于自己实际水平的虚夸表扬，将会很容易导致自负；如果孩子经常得到贬低和否认，则会形成自卑。

所以，妈妈如果经常因为担心孩子不高兴而一味宠着孩子，或者担心孩子骄傲自满而一味打击孩子，这些都是极端的教育方式，都会对孩子自信心的培养产生负面影响。正确的做法应该是，孩子做对了就表扬，做错了就批评，并且引导孩子如何改正错误。只有两者相结合，才能帮助孩子准确进行自我定位。

2. 当孩子自负的时候帮着"降降温"，反之则"升升温"

孩子的情绪就像六月的天，来点乌云就下雨，给点阳光就灿烂。比如，有时孩子在学校犯了一个错误，遭到老师的严厉批评或者同学的冷落，他的情绪会一落千丈，然后产生自我否定的情绪，认为自己从此以后"完蛋"了。有时孩子受到他人的吹捧，会产生飘飘然的感觉，认为谁都不如自己，并且不愿意踏踏实实地做事或学习。

这两种情绪，妈妈都应当帮助其进行调整。如果是前者，那么妈妈就要积极鼓励孩子，为他"升温"，帮助孩子走出自卑；如果是后者，妈妈要及时指出孩子的问题，为他"降温"，帮助孩子走出自负。

3. 让孩子感受"天外有天"

孩子之所以自负，是因为在小环境内，他暂时找不到对手。因此，妈妈可以带着孩子感受外面的世界，让他接触到比自己更优秀、更具专长的人，认识到"强中自有强中手"。

4. 让孩子体会磨难教育

自负的孩子，往往以为自己"战无不胜"。因此，妈妈不妨对孩子进行磨难教育，让他明白，自己不是什么事情都能做得好。例如，对于吹嘘自己体能过人的孩子，不妨让他参加一次马拉松比赛，让他体验一下难以到达终点的滋味；对于认为自己学习好的孩子，不妨让他做一份重点中学的试卷，让他明白什么才是真正的难度。

经过这样一番磨难，孩子就会发现，自己其实并非无所不能。当他体会到了事情的艰辛，自然就会改变自吹自擂的毛病。

当然，几乎所有的孩子，都在成长的路上出现过自负的情绪，这是由孩子的认知能力决定的，所以妈妈不要因此就大发雷霆甚至拳脚相加。只有“润物细无声”的教育，才能让孩子走上正轨，否则他就会变成一个无比叛逆的“坏小子”！

消除猜疑心理：对症下药治愈孩子的猜疑心

猜疑、不信任他人的人，是很难获得真挚的友谊的。严重的多疑症更不利于孩子在未来的社会中生存。为了孩子的健康成长，妈妈应引导孩子克服猜疑的毛病。

于启是个体弱多病的学生，身材矮小瘦弱，皮肤白皙，还戴着一副眼镜。他生性胆小内向，从不高声说话，其他同学课间欢快地玩闹时，他总是睁着一双恐惧和闪烁不定的眼睛在一旁观望。

于启的父母在他 3 岁时就离了婚，他一直跟着妈妈，从此便失去了父爱。

12 年过去了，于启和妈妈相依为命，住在一套一室一厅的单元房里。婚姻受挫的妈妈像是被吓坏了，唯恐自己和孩子再受什么伤害。她从不让于启和邻居的孩子一起玩，怕他受欺负，怕别人嘲笑他是个没有父亲的孩子。从于启上小学一年级开始，无论自己的工作多忙，也无论天气多么恶劣，妈妈都亲自送于启上学，接于启放学，天天如此。如今于启已上初中三年级了，当他放学后走出校门，一眼就能看到站在路旁那棵槐树下的妈妈的身影。在家里，妈妈常常告诉于启要学会保护自己，不要轻信任何人，轻信他人最容易上当等等，并且常给他讲一些社会上人情淡薄、人心险恶的事例，为的是加强于启的自我保护意识，免得吃亏上当。

有一次，班里组织同学们去青石河郊游。郊游期间，老师给每一个同学发了一瓶矿泉水和盒饭。边吃喝边做游戏的同学们玩得十分快乐。返校途中，好开玩笑的李庆笑着对周围的几个同学说："看谁明天拉肚子，我刚才把某公子的矿泉水换成了青石河里的水，那可是鱼虾和螺蛳的洗澡水啊！"说完大笑着飞快地骑到前边去了。于启也听到了这句话，他开始怀疑："李庆说的'某公子'会不会是指我呢？他刚才说这句话时，好像对我这边瞟了一眼。"这样想着，他又向李庆离去的方向望了望，正好看见李庆回过头来冲着这边直笑。于启心想，他一定是趁自己不注意时悄悄地拿一个空矿泉水瓶装满河水后换走了自己那瓶真矿泉水。于启回忆刚才喝的水，真的感到与刚开始喝的那几口味道不同，有些发腥、发咸。他不由得感到一阵恶心，肚子也有些下坠感。

妈妈把他从学校接回家里后，于启怕妈妈生气，没敢把这件事告诉她，便自己打开药箱，根据药瓶上的说明吃了两片药就睡了。第二天起来后他仍然感到肚子不舒服，总想去厕所。来到学校后，怎么看，他都觉得李庆的表情不自然。于是，他越发相信自己是喝下了那些"鱼虾和螺蛳的洗澡水"。

几天之后，于启真的腹泻了。在妈妈的再三追问下，他才说出了事情的原委。妈妈听后十分恼怒，她不顾于启的劝阻，到学校找到班主任说明来意，要求学校严肃处理李庆。后经老师调查，李庆根本没有搞这个恶作剧，他在路上对同学说的那句话是随便开了个玩笑。于启去医院做了几项检查，最终也没有查出什么问题。

后来，于启的情况越来越糟，整日谨小慎微，从街上买回的食品一定要高温消毒后才敢吃；夏天从不吃冷饮；冬天出门必须戴上帽子、口罩，全副武装起来。对身体状况也过分关心，稍有头痛脑热便异常担心，请妈妈带他到医院频繁地做各种检查。于启的表现越来越怪异，这种情况令于启的妈妈特别苦恼。

从心理学角度来分析，猜疑是一种封闭式的、对他人不信任的暗示心理，而这种暗示心理又是以对人的种种不合理的假设为前提的。比如猜疑的人因别人多看了自己一眼，便可能假设这人会有对自己不利的行为，比如"他是不是瞧不起我？"或者"他是不是想打什么坏主意？"因此，猜疑者可能整天甚至长年累月被这种消极的暗示困扰着。

在日常生活和学习中，猜疑心理随处可见：一些学生看到同学背着自己说话，便怀疑是在议论自己；看到某同学与老师接触，便猜疑是打自己的小报告；自己被老师批评了，就无端怀疑是某个同学从中捣鬼；身体稍有不适，就怀疑自己患了严重的疾病，甚至是不治之症。猜疑者疑神疑鬼的做法不仅让旁人厌烦，也使自己痛苦不堪。

对孩子的成长和发展来说，猜疑的危害也是不容忽视的。具体有以下几种危害：

（1）影响人的情绪，有损身心健康。猜疑往往使人郁郁寡欢、闷闷不乐，享受不到生活的乐趣。心存疑虑的人，内心总有解不开的困惑，于是总是处在一种焦虑、惶惑和烦恼的状态之中，这其实就是"庸人自扰"。他们把自己封闭起来，对身边的人缺乏起码的信任，又不愿意公开自己的内心世界，缺乏心的交流和真情的抚慰，因此终日闷闷不乐。继续发展下去，还会逐渐由不信任他人到怀疑任何人，由怀疑他人到怀疑自己，对自己没有信心，并且会渐渐变得自卑、胆怯、懦弱，行为上显得消极和被动。

（2）造成人与人之间的隔阂。猜疑必然造成人际关系的紧张及人与人之间的隔阂。由猜疑而引起的人际关系紧张不仅会进一步加深猜疑者内心的痛苦，而且还会促使其更加怀疑人与人之间的真情，恶性循环必然导致猜疑者陷入作茧自缚的困境中不能自拔。

（3）猜疑对孩子的危害是不言而喻的，因此妈妈应当采用正确的方法，给孩子一个宽阔的胸怀，让猜疑离孩子而去。

那么，妈妈应该如何帮助孩子克服猜疑心理呢？

1. 帮助孩子认识危害，加强修养

妈妈要教育孩子认识无端猜疑的危害及不良后果，教导孩子要用高度的理智、宽阔的胸怀、友善的态度对待他人，只要做到如朱熹所说的"心广如天地，虚旷如日月"，也就不会为些小事而斤斤计较、无端猜疑了。

2. 和孩子及时沟通，开诚布公

有时，猜疑可能是由彼此间缺乏交流引起的；也可能是人为地设置心理屏障而导致的；还可能是由于误会，或心存不良的人故意搬弄是非的结果。对于这些情况造成的猜疑，告诉孩子最好的解决办法就是通过适当的方式，选择合适的时间、地点，同被怀疑者进行开诚布公、推心置腹的交谈。如果交往双方都能做到襟怀坦白，开诚布公，才会相互信任，而有了信任这个心理基础做前提，猜疑心就会烟消云散。

3. 教导孩子把精力投入到有意义的事情中去

妈妈应让孩子平时把自己的精力和时间多用在学习上，做些有意义、有价值的事，让生活变得愉快而充实。这样就不会再有闲情去猜测这个人、怀疑那个人了。

孩子学习之余多锻炼身体或从事一些音乐、书法、绘画等活动，则可以使精神得到陶冶。多从事这样的活动，身体和心理都会感到很放松，不仅可以从精神上摆脱猜疑心造成的苦恼，而且也会达到心理平衡，有利于身心健康。

❋ 消除害羞心理：不做"含羞草"，帮孩子战胜羞怯

　　羞怯心理是一种常见的心理弱点，美国俄亥俄州立大学的一项统计结果表明，97％的学生认为，做公开演说是世界上两件最可怕的事情之一（另一件是核武器）。某杂志的"读者信箱"曾收到一封学生的来信。

　　信中写道："我有一个大缺点，就是特别怕羞，一碰到上黑板做题或和陌生人说话时脸就红，我该怎么办？"

　　孩子的很多表现都是"羞怯"所致。大多数孩子羞怯有以下现象：不喜欢和别的小朋友说话、玩耍；在课堂上，不积极、主动地回答老师的问题，逃避课堂讨论；不愿在公开场合抛头露面，做什么事都要父母陪着，怕见陌生人；见到陌生人，说话低着头，声音小，爱脸红，说话、办事都在别人后面，甚至连笑也不敢先于别人。除此之外，有的孩子羞怯会恃强凌弱，但内心是很羞怯的。总之，过分的羞怯会极大地影响一个孩子的健康成长，作为孩子最亲的人，我们一定要帮助孩子克服这种不健康的交际心理。

　　那么，为了帮助孩子克服羞怯的心理弱点，妈妈具体该如何做呢？

　　首先，要搞清楚孩子羞怯的原因。

　　羞怯其实是不自信，原因有很多，最重要的有以下三点：

　　（1）家庭原因。家庭是孩子学习的第一所学校，是孩子健康成长的主要环境。第一学习环境如果不好，会给孩子造成很多不健康的心理障碍。调查显示，很多有羞怯行为的孩子，其父母大多数本身就有羞怯的行为。另外，对孩子有体罚行为，或是孩子生活在一个单亲家庭，对孩子的打击是很大的，这会让孩子缺乏依靠、交流和亲情的抚爱。孩子从小就觉得比

别人差，形成羞怯、自卑的症结。

（2）学校环境。学校是孩子的成长、学习的重要环境之一。学习成绩优异的孩子，经常受到老师的表扬，也会表现得自信。而学习成绩差的孩子，会经常受到老师的批评，时间长了，孩子在心理上就会形成一种害怕、不自信的情绪，总是觉得自己比别人差，本能地用退缩的方式来保护自己受伤的心灵。

（3）重大的生活事件。孩子的心理承受能力是有限的，若是得过什么重大疾病或是遭受重大的心理刺激，如受人欺负、被耻笑，造成自尊心受损，都会让孩子变得羞怯。

那么，妈妈应该如何帮助孩子克服羞怯心理呢?

1.给孩子一个温馨的家

克服孩子的羞怯，首先要给孩子一个温馨的家，让孩子在好的家庭环境中获得自信。家长虽然是"过来人"，但是不要在孩子面前滥用权威，尤其是生性有些胆怯的孩子。妈妈要尊重孩子的意见，比如出去玩，问问孩子喜欢去哪里，准备带些什么，让他自己多作主，从中感受自己在这次小小旅行中是不可或缺的主人。这样他就会以一种主人的姿态出现，树立自信心。在和孩子的语言交流中，多用些民主型的语言，如"你觉得怎么样呢?""你是不是还有更好的建议?"对孩子的帮助及时表示感谢，让孩子获得一种心理满足感，这有利于克服孩子的自卑情绪。

2.多带孩子出去"见世面"

克服孩子羞怯的心理行为，最好多带孩子出去"见世面"，给孩子提供和他人交流的机会。怎样和陌生人交流确实有些难度，我们可以借助孩子都喜爱的"共同爱好"，例如带孩子去看海豚表演，大家的感受和心情都是一样的，借助海豚表演更容易交流，让孩子慢慢敞开心扉去接纳他人。

3.鼓励孩子交朋友

鼓励孩子交朋友是孩子社会化的一种表现。羞怯的孩子，为了不使自己受到伤害，会选择把自己包裹起来而不去主动交朋友。妈妈要时刻关注孩子是否有这种行为，如果有，这时妈妈就应鼓励他，先让他和亲朋好友的孩子一起玩，让他体会一起玩的乐趣，形成这种心理需求，然后再鼓励他在同学中去交朋友。当孩子带自己的朋友来家里时，妈妈要表现出极大的热情，对孩子的这种行为表示赞许，以增加他的勇气。

4. 不要以成人标准苛求孩子

害羞、胆怯的孩子最怕见生人，最怕待在人群里，增加孩子在生人、人群的信心是很重要的。不要以成人的标准苛求孩子，当孩子迈出第一步时，或许只是一个微笑，也要给孩子的进步投去赞许的目光，孩子只要一受到称赞，他就愿意付出更多的努力去尝试。

当人逐渐了解自己周围的人际关系后，他就能做出越来越合适的反应，这就是人进步的原因。当孩子对自己身边的人还不了解时，排斥、害怕都是正常现象，这时就需要家长的正确引导。多站在孩子的立场去想问题，不以成人的标准来苛责孩子，才能心平气和地对孩子做出正确的引导。

总而言之，妈妈为了孩子能健康成长，一定要重视对孩子羞怯行为的矫正，为孩子顺利成长并融入社会，在他们的人生起点打好基础。

❋ 消除愤怒心理：强化孩子的心理承受力

很多孩子一旦遇到不如意的事情，就大声吼叫、哭闹不休，或是摔东西。比如在商店玩具柜台前我们常可见到这样的情景：孩子要父母买某一玩具，父母不肯，孩子就大发脾气，吵闹不止，甚至躺在地上打滚，弄得妈妈束手无策，不知该如何是好。真是"孩子不大，脾气不小"。

一天，欧太太正上着班，就被儿子老师的一个电话叫到学校，原来是儿子在学校闯祸了，可是令她不解的是，儿子一直很乖，连和人大声说句话都不敢，怎么会闯祸呢？

欧太太匆匆忙忙赶到学校，才问清楚情况：原来是班上有些男生挑事，说欧太太的儿子小强是"胆小鬼"。老师告诉欧太太，班上传言，小强喜欢某个女生，但一直不敢说，这些男生知道后，就拿这件事嘲笑小强。而小强则因为这件事很生气，于是大打出手，身材高大的他把这几个男生都打得鼻青脸肿。

"我的孩子怎么了？"欧太太很是不解。

一向乖巧的小强怎么会突然这么容易被激怒而对同学大打出手？日常生活中，如果我们被人叫作"胆小鬼"，兴许我们会生气，但绝不会太过情绪激动而做出一些伤人害己的事。

当然，案例中，很明显，小强出手打人是因为其内心承受能力差，当同学嘲笑他是胆小鬼时，一时激动的他便控制不住自己的情绪。

其实，心理承受能力与一个孩子的成长状况有很大关系。一个心理承受力强的孩子，积极面对生活，他敢于冒险，乐于接受新鲜事物，面对挫折也能保持乐观。而一个心理承受力弱的孩子，总是习惯拿消极的态度敌对这个世界，自卑、懦弱，面对困难缺乏坚持下去的勇气。北京大学儿童青少年卫生研究所最新公布的《中学生自杀现象调查分析报告》显示：中学生 5 个人中就有一个人有过自杀的念头，占样本总数的 20.4%，而为自杀做过计划的占 6.5%。其根源都与心理承受力有关。

我们的孩子将来免不了在这个复杂多变的社会打拼，总有一天，他们也终会一个人面临这诸多的问题，我们不如早点把世界交到他们手中，锻炼孩子的心理承受能力，这直接关系到他们的人生是否幸福。

因此，帮助孩子疏导情绪，强化孩子的心理承受能力，这是家长要及早送给孩子的珍贵礼物。所以，应做到以下几点：

1. 告诉孩子发火前长吁三口气

你要告诉孩子："发火前长吁三口气。"事实上，很多事情都没有我们想象得那么严重。如果不学着控制自己的情绪，任着性子大发脾气，不仅解决不了问题，还会伤了和气。

2. 告诫孩子学会正确地宣泄自己的情绪

孩子毕竟是孩子，他们的心理是脆弱的、敏感的、容易受伤的，他们也会悲伤沮丧，此时，你可以告诉他，不妨哭出声来。你要告诉他，一个坚强的人并不是始终不能哭，在过度痛苦和悲伤时，哭也不失为一种排解不良情绪的有效办法。哭不仅可以释放身体内的毒素，还能释放能量，调整机体平衡。在亲人和挚友面前痛哭，是一种真实感情的爆发，大哭一场，痛苦和悲伤的情绪就减少了许多，心情就会痛快多了。流眼泪并非懦弱的表示。所以你可以告诉男孩，你该哭当哭，该笑当笑，但要把握好一个度，否则就会走向反面。

3. "事件"结束后，帮助孩子正确梳理情绪

等"事件"结束，心情基本平定后，再帮助孩子做自我反省，就能较理性、客观地看待分析；反省的另一层意义是，再一次经历当时的情绪波动，但脱离了"现场"，那么情绪压力再一次释放的同时也得到缓解。

总之，孩子的心理承受能力与我们大人不同，一些小事都可能引起他们的过激行为。我们要在平时管教孩子时，多注意他们的心理健康教育，并帮助孩子认识自己的情绪、管理自己的情绪，让其保持稳定的心境！

✳ 消除抑郁心理：让孩子积极面对生活

学习压力大，父母工作忙，没时间照料孩子，孩子难免会出现抑郁情绪，这种情绪对孩子的快乐成长是很不利的。

明明一直是个充满活力的孩子，学习成绩好，待人有礼貌，还是学校排球队的队长。他遇见老师、同学，总会主动问好，上课从不迟到，积极回答问题，老师和同学们都很喜欢他。但现在，他却不再问候任何人，上

课也不积极了，动作变得迟钝。他看起来并没有病，却说自己总是提不起来精神，快要期中考试了，他也没法集中精力学习。后来，妈妈带他去看医生，医生说明明患了抑郁症。

和明明一样心理抑郁的孩子并不少见，抑郁的表现形式各有不同，对孩子影响最普遍的形式是：

（1）大部分时间感到沮丧或忧愁。

（2）缺乏活力，总是感到累。

（3）对以前喜欢做的事情缺乏兴趣。

（4）体重急剧增加或急剧下降。

（5）睡眠方式的巨大改变（不能入睡、长睡不醒或很早起床）。

（6）有犯罪感或无用感。

（7）无法解释的疼痛（甚至身体上没有任何毛病）。

（8）悲观或漠然（对现在和将来的任何事情都毫不关心）。

（9）有死亡或自杀的想法。

抑郁这种消极心态对孩子成长有不利的影响，妈妈帮助孩子赶走抑郁刻不容缓，这样才会让孩子重新找回快乐。那么，妈妈应该怎样做呢？

1. 让孩子爱好广泛

开朗乐观的孩子，一定也是个爱好广泛的孩子，而如果孩子只有一种爱好，那他很容易因为暂时无法拥有这一爱好而不快乐。比如，对于只爱看动画片的孩子来说，如果这天晚上不播放动画片，他就会不快乐、生气等；相反，假如他还喜欢跑步、照顾小动物或者看书，那么他的生活将变得更为丰富多彩，由此他也必然更为快乐。

2. 引导孩子摆脱困境

即便是那些天性乐观的孩子，也不可能万事顺心，但是大部分孩子遇到了困难，能自我调节，将内心的失意与不快消化掉。我们最好能在平时的生活中着力培养孩子应对困境的能力，如果孩子暂时无法摆脱，那么可以让孩子学会忍耐，做到随遇而安。

3. 不要对孩子"控制"过严

孩子在成长中慢慢地学会了选择，妈妈应该有意地为孩子提供选择的权利。例如，允许 2 岁的孩子选择吃什么午餐，允许 3 岁的孩子挑选自己要穿的衣服，允许 4 岁的孩子选择游玩的场所……让孩子从小就生活在"民主"家庭中，这样孩子才会感到快乐、自立。

✿ 消除自闭心理：让孩子爱上交流

不管外界环境多么复杂，我们都应当勇敢地去面对，而不应该把自己的心灵封闭起来，因为独自禁闭也是施加于一个人的最严厉的刑罚之一。

古希腊著名哲学家亚里士多德说过："人是社会的动物。"因此，人无法独立于社会而存在。一个人必须在和他人的交往中完成社会化过程，让自己慢慢成熟。

小贞是一所名校的初中生，可以说是品学兼优，老师们都对她喜爱有加，也经常称赞她。她的父母更把这个独生女儿视为掌上明珠，然而小贞性格极为内向，极少与同学交流。

最近一段时间，文静的小贞似乎与同学们更加疏远了，而且老师与同学们也发现了一个比较奇怪的现象：哪怕是阴天与雨天，小贞都不忘戴着一副墨镜，神色也总是非常紧张。

大家都感到非常困惑：小贞到底怎么了？

小贞自己也不知道什么原因，她感到与其他人在一起，总是心理上很有压力，有时候会有种喘不过气来的感觉。为了减轻自己的心理负担，她购买了一副墨镜，希望借助漆黑的镜片去隔绝和他人的眼神交流，用来驱散心头莫名的恐惧。

但是，她还是感到非常压抑、紧张。小贞感到身心疲惫，人也逐渐消瘦憔悴，学习成绩也就一落千丈。究竟是什么原因让小贞变成这样的呢？

小贞的父母都是大学毕业，而且仅有一个女儿，对女儿的教育异常严格，小贞自小就养成了不怎么出门的习惯。小贞的父母都喜欢屋子整洁，其他小朋友到她家来玩耍，假若把屋子弄乱，他们会表现得很不高兴，并通知小贞，下次不要将小朋友带到家里。于是，小贞的朋友变得越来越少，她也越来越不喜欢与别人交往。

小贞长大以后，父母又经常叮嘱她："外面太乱，坏人很多，做什么事都要格外小心，晚上尽可能不要外出。"一天傍晚，她晚自习独自一人回家，在一个小巷子里，看到有几个男生正围着一个女孩，对那个女孩动手动脚。

父母的叮嘱瞬间变成了她亲眼目睹的事实。她害怕得魂不守舍，拼命地往家跑，经过相当长一段时间后，这种恐怖的感觉才逐渐消失。虽然恐怖的感觉消失了，但恐怖的记忆依然存在。

每当小贞看到异性，就会产生非常大的恐惧，在矛盾、惶恐、徘徊中，一点一点把自己封闭起来。

自闭倾向指的是在有人的场合，尤其是有陌生人的场合，会感到非常紧张，手足无措，并伴随着异样的行为，比如心慌、不安、脸红、手脚发冷、出汗、语无伦次等。

有自闭倾向的人为了挣脱这种不舒服的经验，通常选择把自己封闭起来，拒绝和别人交往。自闭症指的是把自己封闭于一个相对固定和狭小的环境中，由于隔绝了和人的交往而产生心理障碍的疾病。

为了预防孩子有自闭倾向，妈妈要做到以下几点：

1. 创造一个良好的家庭氛围

如果父母不和，经常争吵，孩子得不到应有的关怀和教育，心灵就会受到创伤，因而沉默寡言、闷闷不乐，变得孤僻。因此，父母应该为孩子创造出一个和睦、融洽、民主的家庭，让孩子真正感觉到自己是家庭中的重要一员，让孩子感到家庭的温暖，体会家庭的欢乐。

2. 正确看待交往中的挫折

应注意孩子的情绪变化，常常与孩子交流和沟通，了解孩子和朋友的交往情形。当孩子出现问题时，需采取合理有效的方法帮忙解决，使孩子能够积极地与他人交往。

3. 注意平时与孩子互动的态度

随时注意言语和态度，多肯定和鼓励孩子，如爱抚、微笑、点头、夸奖等，都会有意想不到的效果，使孩子感到自信、开朗。

4. 增加孩子的"参与"意识

要多与孩子沟通，鼓励孩子与家长一起外出购物、参与做饭或帮助邻居等，培养他们与人相处的技能和助人为乐的精神。

✳ 克服浮躁心理：让孩子有个安静的世界

一句谚语说得好：非淡泊无以明志，非宁静无以致远。浮躁心理的存在必然对孩子的生活和学习产生一系列不良影响。

"浮躁"指轻浮，做事无恒心，见异思迁，不安分守己，总想投机取巧，成天无所事事，脾气大。浮躁是一种病态心理表现，其特点有心神不宁，面对急剧变化的社会，不知所为、心中无底、恐慌，对前途毫无信心，焦躁不安，在情绪上表现出一种急躁心态，盲动冒险，情绪取代理智，使得行动具有盲目性。浮躁是成功、幸福和快乐最大的敌人。在短暂的生命之旅中，浮躁是人生最大的敌人。

面对节奏飞快、竞争激烈的社会，浮躁心理已经开始蔓延，人们变得越来越急功近利，就连我们的孩子也不例外。

一位妈妈说："我的孩子什么事情都想做，而且都想在短时间内做好，没有耐心，没有恒心，结果往往不得不半途而废，不了了之。我觉得这是浮躁心理在作怪。请问如何才能够帮助孩子克服浮躁的心理？"

面对孩子浮躁心，妈妈应该怎么办呢？

1. 用榜样鼓励孩子不要浮躁

鼓励孩子用榜样如革命前辈、科学家、发明家、文艺作品中的优秀人物以及周围的一些同学的优良品质来对照、检查自己，督促自己改掉浮躁的毛病，教育培养其勤奋不息、坚韧不拔的优良品质。李嘉诚以稳健前进的工作作风、不浮躁的工作态度从一贫如洗的小人物摇身一变成为世界"塑胶大王"。成功之路，艰辛、漫长而又曲折，只有那些稳步前进的人才能坚持到终点，赢得成功；如果一开始就浮躁，那么，你面对的将是失败，成功的喜悦将与你失之交臂。而对于渴望成功的人，应该记住：你可以着急，切不可浮躁。

2. 教育孩子立长志

俄国伟大作家托尔斯泰说过："理想是指路的明灯。没有理想，就没有坚定的方向；没有方向，就没有生活。"妈妈只有帮助孩子树立远大的理想，才能使孩子明确生活的目的，具有对生活和学习的高度责任感。这对防止孩子浮躁心理的滋生和蔓延是十分有利的。妈妈在帮助孩子树立远大理想时，要注意两点：一是立志要扬长避短。有的孩子立志经常不考虑自身条件是否可行，而是凭心血来潮，或看到社会上什么工作能挣大钱，就想做什么工作。这种立志者多数是要受挫的。父母应该告诫孩子，根据自己的特点来确立目标(最好和孩子一起分析其的特点)，才会有成功的希望，千万不要赶时髦。二是立志要专一。俗话说："无志者常立志，有志者立长志。"妈妈要告诉孩子立志不在于多，而在于"恒"的道理。要防止孩子"常立志而事未成"的不好后果的产生。正如赫伯特所说："人不论志气大小，只要尽力而为，矢志不渝，就一定能如愿以偿。"

3. 让孩子静下心来做事

毛主席教导我们说："世界上怕就怕'认真'二字。"说的就是如果我们能安下心来认真做一件事情，就没有做不好的。我觉得非常对。我们做事情很多时候都是半途而废。是什么原因让我们放弃的呢？是急于求成，是不愿面对困难的浮躁心理。我们总是在想着事情的最后成果，急于看到我们所做的工作的成果，而这些却不是一天两天能看得出来的，所以我们就觉得这些工作是没有意义的，于是选择了放弃。

如果我们能够坚持，真正地静下心来，认真地去学习、工作，我们做的会比现在多很多。只有拭去心灵深处的浮躁，才能找到幸福和快乐。

4. 培养孩子的耐性

耐性不足的孩子，情商和逆境商相对较低：他们比较散漫、自控力弱、做事有始无终；适应性差、喜欢依赖，不容易融入新环境；在挫折面前，往往表现出急躁、知难而退甚至暴力的苗头。所以，克服孩子的急躁心理，可以从培养孩子的耐性开始。

专注力是忍耐力的基础，如果孩子的专注力好，自然容易有耐性。妈妈可多与孩子进行一些有助提高专注力的游戏。

如果一个人浮躁，他终究会在浮躁中失去自我，做任何事都来不得半点浮躁。浮躁会让人狂喜、傲慢、迷茫、不安……所以，家长要让孩子远离浮躁心理。

第 5 章

克服社交中的心理障碍，
让孩子学做一个社会人

一个人生活在社会中，不与他人打交道是不可能的。卡耐基说过："一个成功者，专业知识所起的作用是 15%，而交际能力却占 85%。"人际关系的和谐、交往本领的高强，是未来社会判断成功者的重要标准。因此，培养孩子优越的交往能力，可以让孩子受用一生。

✳ 克服交往恐惧：让孩子爱上交友

在全球化成为 21 世纪重要特征的时代，人与人之间、民族与民族之间、国家与国家之间互相依存的程度越来越高，孩子必须学会与他人共同生活、学习及工作。

社交是生活中人人不可缺少的一项活动，但有些孩子害怕见生人，甚至与熟人讲话时也会紧张和脸红，不愿到人多热闹的场合去。有时还会口齿不清，说话语无伦次，不敢抬头看人。严重时，在与人交往中出现惶恐不安、出汗、心跳加快、手足无措等现象。这些现象称为"社交恐惧"。这些孩子常常被某些家长误认为是乖巧、听话、不张扬。其实，这些孩子的心理出现了一定的问题，这些行为是其自卑的外部表现。

而且这样的孩子，在学习与生活中会经常受到老师或父母的批评，有时只是因为一个小小过错而遭到大人过分严厉的训斥，甚至是体罚，于是孩子心里便产生了恐惧，甚至不能辨别该做什么，该说什么，什么是对的，什么是不对的。他们甚至认为自己很无能，总是做错事，是个一无是处的孩子。

社交恐惧通常起源于孩童时期。有社交恐惧的孩子常常拒绝与他人发生社交关系，把自己孤立起来，这样会给日常生活与学习造成极大的障碍，同时也会危害身心健康的发展。研究发现，社交恐惧是一种非常严重的心理问题，能够损伤人的心理功能。

社交恐惧的原因主要是社交动机。如果孩子的社交动机是希望在别人心中留下美好印象，他们的恐惧就会明显。社交恐惧的另一个原因是社交技能的缺乏。一些妈妈和教师仅注意孩子的学习成绩而忽视对孩子社交技能的培养。再者，现在的孩子几乎都是独苗，缺乏同龄伙伴的校外接触，长大之后，很容易养成依赖、害羞、胆怯、孤僻的个性。

此外，内向的孩子如果不注意调整心理状态，就会更加惧怕与人交往，严重的会发展成社交恐惧症。而孩子患了社交恐惧症，就无法建立稳定的人际关系，他们会变得内向、孤独，人生观也变得消极、悲观。因此，妈妈一定要警惕孩子的社交恐惧。那么，妈妈如何才能防止孩子患上"社交恐惧"呢？

1. 消除孩子的自卑

妈妈要让孩子全面、正确地认识自己，过于自尊和盲目自卑都没有好处。妈妈要告诉孩子，他并不比别人差，甚至还有很多优点是别人所不及的，所以，没有必要贬低自己，只要相信自己能行，那就无所不能，关键是要对自己有信心。

2. 改善孩子的性格

害怕社交的人多是较内向的人，妈妈应注意锻炼和改善孩子的性格。妈妈可以多鼓励孩子参加体育、文娱以及社会公益活动，让孩子尝试主动与同伴、陌生人交往，使孩子成为开朗、乐观、豁达的人。

3. 教孩子学习社交知识

尽管我们都知道人生活在世上社交意义重大，但有关社交的知识、技巧、艺术等却从没有教给孩子。所以妈妈应全面地教给孩子有关社交的知识，让他们真正明白道理，这对消除社交恐惧是有好处的。

❈ 鼓励孩子多与人接触

社会学家说："人，是群居的动物。"不错，我们的一生中不可避免地要与他人打交道，也不可避免地要遇到各种各样的人，这些人中有的也许只有一面之缘，有的到最后却成了朋友。我们自身的性格、事业、生活都和遇到的人有直接关系。

如果害怕与人交流，那么很显然，性格、事业、生活都会遇到很多阻碍。因此，不少专家建议：要从小就鼓励孩子多与人接触。

5岁的豪哥性格开朗，喜欢交朋友。有一次，他跟随妈妈去野餐，在他们的营地旁边，也有一个家庭。豪哥看到那边有一个小朋友，他的社交能力就开始显露了。他冲着小朋友挥手示意，那边的孩子看到有人挥手，也兴高采烈地回应起来。两个孩子就那样挥来挥去，乐此不疲。就在这个时候，对方的家长看到了豪哥，一边制止自己的孩子，一边冲着豪哥叫道："你敢打他，我就打你。"

很多家长在理智上都是支持孩子认识新朋友的，但是当自己的孩子和陌生人交流的时候，保护孩子的强烈意识往往会遮蔽家长的理智，就像案例中那位小朋友的家长一样。然而这种做法却是非常不恰当的，这会在无形当中给孩子灌输强烈的防备意识，对于孩子日后与人接触交往会产生非常不利的影响。父母应该鼓励孩子多与人接触，接受不同的观念。试想一下，如果故事中的孩子开始和豪哥这样的孩子玩耍，发现原来陌生人身上也有很好的地方值得学习，与人相处可以得到快乐，也就会易于打开心扉，接纳他人。

在现实生活中，我们会看到有些孩子性格内向、躲避、爱哭泣、不敢与人接触，这与家庭的影响有很大的关系。他们的父母怕自己的孩子吃亏，对其过分保护，使孩子养成了胆小怕事、遇事退缩的性格。要知道，孩子的社会行为和人际关系对他今后成长都有影响，因此妈妈要鼓励孩子多与人接触，要注意培养孩子开朗、活泼、善于与人相处的良好性格。

孩子在成长过程中需要接触更多的人，这样才能够提高自己的组织能力和团体意识。人类是群居的动物，依靠集体来抵御侵袭、创造语言、传播智慧。在现代社会，是否有组织能力和团体意识，是衡量一个人能力的重要标准。因此，让孩子接触到不同年龄的人，是孩子成长过程中必不可少的。

当然，对一个孩子来说，适合他们成长的小社会中并不特别强调不同职业的成年人出现，因为他们对新事物的接受和感知能力是有限的，而鼓励不同年龄幼儿间的互动，这对幼儿的智力，特别是思维能力的发展是非常有好处的。这样可以训练他们的思维和表达能力，以及因此感受到的"人气"和"威望"，从而极大地鼓舞他们的信心。

这也是蒙台梭利的一个教育主张——混龄教育。

所谓的混龄教育，就是想办法让不同年龄段的孩子一起玩耍，这样能够体现出群体互动的复杂性和层次性。不同的孩子在不同的群体当中扮演着不同的角色，比如说在这里是弟弟或者妹妹，到了另一个群体就是哥哥或者姐姐，这样的一种变化会使他们不断适应和接受新的角色。这些角色变化可以让孩子体验到年幼幼儿对年长幼儿的尊重、敬畏、钦佩或嫉妒，同时还能体验到年长幼儿对年幼幼儿的关心、爱护或轻视等，这些复杂的情感体验能给孩子带来巨大的冲击。

多和不同的人接触，孩子也会获得丰富的情感体验。由于年龄差异和能力差异，每个孩子都将拥有区别于以往的角色和地位，面对着相对复杂的关系，他们处理问题的能力也会得到相应的锻炼，这对他们的成长是有好处的。

了解这些，妈妈也就明白了，应该鼓励孩子多与人接触，努力创造孩子与别人交往的机会，让孩子的生活不孤单，尤其是多和不同年龄段的朋友接触交流，锻炼孩子各方面的能力，这对他们的成长来说是一笔不可多得的财富。

✿ 告别狭隘，培养心胸开阔的孩子

生活中有这样一些孩子，他们锱铢必较，生怕自己吃亏。因为过于追求完美，他们的眼里容不下一粒沙子。别人有一点毛病，他们都要横加挑剔、指责，甚至故意疏远、嫌弃。遇到一点点小问题他们就耿耿于怀，闷闷不乐。这样的孩子一般都不能虚心接受他人的批评和意见，不能容忍他人的缺点和过失，不仅自己活得辛苦，与他们相处的人也不会轻松。因此，他们的人际关系相当恶劣，他们的个人发展也受到阻碍。小轩就是这样一个孩子——

小轩是四年级的学生，他学习成绩优秀，更是乖巧听话，是老师眼中标准的好学生。只是，他心眼太小，老爱生同学的气，一点点的小事他总是藏在心底。

这不，一放学，他就向妈妈状告起同学的不是了：“妈妈，庄飞老是欺负我，课间他故意跑到我身边，把我撞倒了，我再也不跟他玩了。还有，刘晓晓把水彩墨水洒到我的书上了，我的书都没法看了……”

渐渐地，他和同学们的关系越来越不好了，他也不像以前那么爱上学了。在他心里，总是有些解不开的疙瘩，他妈妈看着孩子这样，心里也很着急……

生活中，很多孩子都有小轩这样的毛病，“得理不饶人”“小心眼”。当同学不经意间冲撞了他们时，这些孩子就会嘲讽相讥、挥拳相向，甚至以牙还牙……这样的孩子，永远被琐事所累，是成不了大器的。

为了改变孩子的这种行为，妈妈要从以下几点做起：

1. 妈妈要做孩子的榜样

妈妈要以身作则，为孩子营造一个好的家庭环境。家里人在遇到矛盾或冲突时能宽宏大量，不计较得失，能够高姿态，不怕吃亏，得饶人处且饶人，如此，孩子才能在相应的时候做到宽容他人。

2. 教育孩子不要过于苛求别人

人与人相处，难免会有误会或摩擦的事情产生，只要有忍耐、包容、体谅的心态，不斤斤计较、患得患失，要将心比心，多从对方的角度考虑问题，要把度量放宽、眼界放远，化解矛盾。

3. 让孩子敢于承认错误，抛弃积怨

告诉孩子："有宽大的度量容人，不念旧恶，才能让自己变得更加快乐。"妈妈要了解孩子的能力、爱好、性格和心态，对孩子循循善诱，有意识地教孩子学会发现错误，唤醒孩子的责任心，让孩子学会自我反省，承认错误，化"敌"为友，抛弃积怨。尤其要疏导、转移孩子对矛盾结果的注意力，只有这样，才能反思起因，检讨自己的过失，宽容别人的缺点与失误行为，帮助别人改正错误，有利于增进友谊。

✲✲ 远离嫉妒，给孩子的嫉妒"降降温"

嫉妒心理是人类普遍存在的心理现象，孩子也不例外。当孩子出现了嫉妒心理时，妈妈不必惊慌失措，更不该姑息放纵，而是应该通过正面的心理教育培养孩子形成健康的心理。

7岁的玲玲是一个非常可爱的小女孩，她有一个比她小一岁的小表弟，两人的关系非常要好，她经常把好吃的零食和好玩的玩具拿给弟弟，很像

个小姐姐，但唯一的缺点就是嫉妒心太强。如果有人当着她的面夸奖弟弟，而把她给忘了，她就会把给弟弟的东西统统收回来，然后在一旁噘着嘴巴生气。

有一次，儿童节到了，玲玲的妈妈给玲玲和她的小表弟各准备了一个小礼包。当把两个小礼包送给他们的时候，玲玲发现自己的礼包用的是黄色包装纸，而小表弟的用的却是红色包装纸，于是大哭起来，还把手上的礼包狠狠地扔在了地上。说妈妈偏心眼，给小表弟的礼物好，只喜欢小弟弟。妈妈看着这个“小气包”，当着她的面把两包礼物都拆开了，原来这一黄一红的两包礼物其实是两个一模一样的文具盒。见此情景，玲玲这才破涕为笑。

妈妈看到这一幕，心里不禁有点儿担忧：才7岁多的孩子，嫉妒心怎么会这么强呢?

和大人一样，像玲玲这样七八岁的孩子也会有一定的嫉妒心，而且他们的嫉妒心理往往更加强烈且奇特。当别人比自己强、比自己好、比自己的东西多时，孩子最容易萌生嫉妒心——“妈妈，佳佳的文具盒比我的好看!”“妈妈，姐姐怎么又买新裙子了？”“妈妈，娇娇这次去市里参加书法比赛，什么奖都没拿到。”

孩子的嫉妒，是对同伴中在智力、容貌、地位、成就及其他条件，比自己强或比自己优越的孩子怀有的一种不安、痛苦或怨恨的情感。大多数孩子都是争强好胜的，他们都希望自己什么都比别人好、比别人强。但因为年龄比较小、认识水平有限，他们认为说别人好就等于是说自己差，不能把要想超过别人自己就需要不断学习、不断努力联系起来，而仅仅只是希望别人不如自己。这是孩子产生嫉妒心理的认识根源。

另外，孩子情感是比较脆弱的，他们经不起比较和不公正的评价，很多妈妈经常会拿自己的孩子和别的孩子做比较，说自己的孩子哪儿哪儿不如别人，妈妈的本意是想让自己的孩子去学习别的孩子身上的优点，但是他们没有想到，这样做会让孩子觉得父母爱别人，不爱自己了，从而使他们的情感受挫，产生不服气的心理，导致嫉妒。

为了巩固孩子的成绩或者优点，很多妈妈经常会对他们进行鼓励和表扬，以此来增强他们不断进步的自信心。但是，过多的、不恰当的鼓励和表扬，却会使孩子产生骄傲情绪，他们会以为只有自己才是最好的、最棒的，没有人比得过自己，进而看不起他人，如果有人说他某个方面比不上别人，他就无法接受，于是产生嫉妒心。

通常嫉妒心强的孩子，好胜心也比较强，他们会为在某一方面超出同龄人而付出双倍的努力。因此，从这一方面来说，嫉妒心也是一种积极向上的心理。所以，我们要做的，是要解决孩子因嫉妒心而产生的虚荣、攀比、说谎、任性等负面因素，使嫉妒的消极作用向积极方面转化，激发孩子的竞争意识和自强信念，培养孩子的创造精神。

✳ 让孩子成为懂得关爱他人的天使

一个人如果不是真正有道德，就不可能真正有智慧。精明和智慧是非常不同的两件事。精明的人是精细地考虑自己利益的人，智慧的人是精细地考虑他人利益的人。

我们经常会看到这样一种现象：一家人吃饭时，最好的菜总是孩子一个人独吃；看电视时，遥控器总是操纵在孩子的手里；家里来了客人，孩子竟然不允许妈妈把自己的糖果拿给客人吃。

孩子为什么会产生凡事"以自我为中心"、不替别人考虑的心理呢？

这是因为孩子的心理发展存在一定的局限性，在认识和适应外部世界时，很轻易地就指向自己、站在自己的立场上想问题，所以就只想到自己而想不到别人，只关心自己而不在意别人的感受。

一位妈妈带着女儿去公园玩，她们来到公园的小亭子里休息，妈妈拿出从家里带来的牛奶给女儿喝。这时，妈妈看到旁边的位子上坐着一位小男孩，他正看着女儿津津有味地喝牛奶，眼神里分明流露出他也很想喝牛奶的渴望。这时，妈妈对女儿说："孩子，把你的牛奶也给小弟弟喝一点儿好吗？"

"不好，我要自己喝！"女儿显然不愿意。

妈妈耐心地对女儿说："孩子，要是妈妈忘记给你买牛奶，而这位小弟弟在喝牛奶，你想不想喝呢？"

"想喝。"女儿毫不犹豫地回答。

"同样的道理，如果现在你把牛奶分给小弟弟喝，等下次妈妈忘记给你买牛奶的时候，这位小弟弟也会把好吃的东西拿给你吃的。"

女儿看了看妈妈，又看了看小男孩，终于把牛奶给小弟弟喝了。

很多孩子都不愿意与人分享自己的东西，这是因为现如今的孩子大部分都是独苗，家中没有兄弟姐妹，因而缺乏与兄弟姐妹分享东西的感受，也就缺少互敬互让的品质。自己喜欢的东西从来都是独占，得不到也会让家长想方设法给弄来。此外，家人的过度溺爱，把孩子放在家庭的主导地位，也是滋生孩子的"独占""独享"心理的病源。这样下去，孩子心中除了自己没有任何人，更不要说关心父母、关心他人、关心社会了，这样的孩子怎能让父母不焦虑？

俗话说：美德出良才。良好的人格来自良好的道德品质的培养。所以，做妈妈的只有教育孩子从小就要关心他人，处处想到别人，互敬互让，孩子长大后才会具有崇高的修养与风度，成为关心他人的天使。那么，妈妈具体该如何做呢？

1. 营造平等的享用氛围

家中好吃、好玩、好看的东西要全家人一起分享，不要让孩子独占；大人之间要营造一种互爱互让的氛围，并让孩子参与进去，让孩子体验到分享的快乐；闲暇时可以带孩子去亲友家做客，让他学习别人家的孩子是如何把自己的糖果与人分享的。

2. 做孩子的榜样

一个自私自利、小气吝啬、斤斤计较的妈妈，很难想象她们会培养出大度无私、先人后己、谦虚礼让、懂得分享的孩子的。所以，妈妈首先要起带头作用，严格要求自己，做一个行为大方、心胸宽广的人。

3. 多给孩子表扬和奖励

妈妈可以用表扬和奖励的方式来激发孩子去与人分享。当孩子能够把自己心爱的东西拿出来与别人分享，或者遇到自己喜欢的东西，却把选择的权利让给别人时，妈妈都要及时给予表扬和奖励。

✿ 引导孩子走出自我中心

生活中，有时孩子会把家里的音响声音、电视声音调得很大，或者把家里的空调温度开得很低，他觉得只要自己舒服就好。出现这样的状况就是因为孩子多半只会考虑到自己，而不会顾及别人的感受，总是喜欢以自我为中心。

自私是现代社会独生子女家庭普遍存在的问题，一方面因为家里没有兄弟姐妹，吃的玩的没有人和他分享；另一方面，还由于家长的教育态度和方法不当，过度关心，过于迁就孩子，把孩子放到最高的位置上，让他形成了一种以自我为中心、只顾自己不顾他人的自私心理。

一旦发现孩子的自私自利苗头时，妈妈就要想办法加以引导，帮助孩子摆脱自我中心的束缚，防止孩子独占意识的膨胀，让孩子逐渐地养成利他行为。

小伟四岁了，平时和爷爷奶奶、爸爸妈妈生活在一起。爸爸妈妈每次出门回来都会给他带好吃的、好玩的，还总是把好吃的东西留给他一个人吃，好吃的饭菜也让他先尝。

慢慢地，小伟养成了很多坏习惯。

有一次，爸爸出差带回了南京特产"桂花鸭"。小伟跑过来，妈妈笑着告诉他："这可是南京的鸭子，很好吃哦！"小伟看着桌上的鸭肉，突然用两只胳膊盖住盘子，大声说："这是我的，不许你们吃！"

妈妈对小伟的行为非常惊讶，蹲下来对小伟说："小伟是个好孩子，赶快把鸭子拿过来。爷爷奶奶都没吃过呢！鸭子这么大，你自己也吃不完啊！"

可是无论妈妈怎么说，小伟就是不听。到后来，他干脆端着盘子跑到另一间屋子，关起门自己一个人躲在里面吃。过了好一会儿，小伟才把门打开，把吃剩的骨头端给妈妈，说了一句："你们吃吧！"……

上述案例中，小伟的自私很明显是家长长期过分溺爱、娇纵的结果，这在教育孩子的过程中是要不得的。作为家长，要教孩子学会考虑别人的感受，逐渐克服与远离自私心理，在孩子表现出爱心的时候，家长应及时给予表扬。对于已经形成自私倾向的孩子，只要妈妈认真对待，方法得当，孩子慢慢也会养成一种利他行为。

孩子的自私不是天生的，都是后天形成的。要克服孩子的自私心理，还要妈妈改变对孩子过分支持、过分保护和对孩子唯命是从的习惯。正确的家庭教育应该是有原则的，对于孩子的不合理要求一定不能予以满足。要对孩子做到以下几点：

1. 创造分享的家庭气氛

自私的孩子在家庭生活中常常表现为：不关心父母和爷爷奶奶，不做或很少做家务劳动，霸占好吃好玩的东西……要改变孩子这些行为，家长可以通过让孩子分担一些家务劳动，使孩子感到每个家庭成员都是相互依存的，应当互相关心、互相爱护。对于孩子经常独占的食物，可以把食物平均分开，每个家庭成员一份，即使孩子大哭大闹，家长也要坚持到底。

只有这样，才能逐渐改变孩子的自私心理。

2. 为孩子创造与人合作的机会

现在很多孩子都是家中的独生子，没有兄弟姐妹，只能一个人学习、玩耍，孩子很难考虑到别人，孤僻的环境带来以自我中心是必然的。要改变这种情况，家长要有意识地与孩子一起沟通、做游戏，鼓励孩子与同学和邻里发展友谊。如邀请同学来家里玩，让孩子帮助邻居取报送信，到邻居家借还物品等。在这个过程中，孩子就会体验到人与人之间的温情，逐渐学会关心他人。

3. 为孩子树立良好的榜样

在日常生活中，妈妈应该以身作则，严格要求自己。互相关心，孝敬长辈，给孩子树立好榜样。日久天长，同样的品质和行为也会复制在孩子的身上。如果妈妈本身就存在自私心理，也难以要求孩子做到无私。

未来社会要求每个人都应该具备无私、合作精神，善于与人合作的孩子将会在以后获得更大的成功，妈妈及时帮助孩子克服自私的心理，让孩子放弃狭隘的心理，一天天地健康成长起来。

✱✱ 帮助孤僻的孩子享受交往的快乐

亚里士多德曾说："人是社会的动物，不可能独立于社会而存在。一个人必须在与他人的交往中，才能完成社会化过程，使自己逐渐成熟。"

现在有相当一部分孩子，孤僻成了他们的共同标签。这些孩子不喜欢与他人交流，总是把自己封闭在一个狭小的空间之中，无穷尽地承受着孤独。也许你以为，这是孩子的正常状态，但事实上，却说明了孩子有严重的心理问题。孤僻是摧毁孩子的"杀伤性武器"，长期被孤独感所折磨，孩子不可能健康成长，从而影响自己的情感，表现出对他人冷漠、对集体活动排斥的行为，甚至还会影响他今后的生活，包括恋爱、婚姻生活。

对于孤独的孩子，妈妈万万不可听之任之，而是应当伸出温暖的双手，帮助他走出孤独。否则，孩子会感到世间没有温暖，到处都是敌人。

莲莲的童年基本是和保姆在一起度过的。因为爸爸长年在外地工作，而妈妈每天又要上班，还要照顾年老的爷爷奶奶，所以莲莲基本上处于没有亲情关爱的状态里。每天陪伴莲莲的是堆成小山一般的高档玩具，她只能从这些东西中获取些许的安慰。

日复一日，莲莲在这样无声的环境里度过了漫长的两年多。进入幼儿园之后，莲莲成了班里最"娇气"的孩子。别的小朋友都很快适应幼儿园的生活，而莲莲则迟迟无法适应，每天在幼儿园都要哭几次，直到下学时才能露出点笑容。

据老师反映，莲莲在幼儿园，从不与同伴一起玩，上课时从不举手发言，老师提问时，她嗫嗫嚅嚅；同伴在一起开心地玩时，她总缩在旁边不出声，郁郁寡欢……

看完莲莲的案例，或许我们都会对她产生一丝怜悯之情。试想，一个成年人若是天天处于一个孤独寂寞甚至恐惧的环境里，将是怎样的煎熬？而莲莲的感受应该和大人无异，甚至更强烈，更难以承受。如果不能及时地加以引导而任其发展，对莲莲的身心健康非常不利。

如果你的孩子与莲莲一样，性格孤僻，作为妈妈就要注意采取一定的方法，帮孩子走出孤僻。而帮助孩子走出孤僻的唯一方法，就是让孩子变得合群。所谓合群，不仅仅是指和众多的人在一起，更重要的是能适应群体生活，被群体中的人认可和欢迎，在群体中得到快乐。合群更多地表现出孩子的一种主动的行为。因此，当孩子融入群体之中的时候，他才会有集体荣誉感，才知道什么是团结协作，才真正明白竞争的意义，才更懂得生命的价值，才会摆脱那种低落的情绪。

孩子都是喜欢群体生活的，那些孤僻离群的孩子大多数不是源于天生，而是由于不当的家庭教育方式所致。妈妈可以参考以下几点来帮助孩子走出孤僻离群：

1.为孩子建立和谐、温馨的家庭环境

这里所说的"和谐、温馨"，不仅仅包括父母之间要亲密、恩爱，而且也要与孩子建立友好、尊重、互爱的关系。孩子生活在温馨、和谐的家庭环境中，才能更好地感受家庭的温暖，身心得到健康发展。所以，为了让孩子远离孤僻，父母既要相互关爱，也要努力改善和孩子的关系，多给孩子一些温暖，关注孩子的生活、学习和健康，每天抽时间与孩子游戏、散步、交谈等。这样一来，孩子就会感受到自己在父母心中的分量和地位，他的内心就会获得爱的满足感。

2.引导和鼓励孩子多参加集体活动

有些妈妈怕孩子之间打闹，不肯让孩子和其他小朋友一起玩耍，这样就剥夺了孩子融入群体的权利。孩子的群体也是一个小的"社会"，他们通过与同龄人一起生活和游戏，学会如何与他人相处，增强自己的社交能力。

例如，少年宫正举办才艺比赛，那么你就应该鼓励孩子前往，即使不参赛，也可以当一名观众。当他看到别人热闹时，自然也想加入其中，分享那份属于孩子的快乐。

如果孩子对这些表现得无动于衷，那么妈妈应该有目的地培养他的兴趣爱好，并尽可能集中参与群体活动，如打球、溜冰等。等遇到了有共同爱好的孩子，他们自然会感到放松，孤独感也会悄然离去。

3.让孩子改变自我为中心的心态

一些性格孤僻的孩子，表现得不合群，不能听取别人的意见，这实际上是缺乏合作意识造成的。因此，妈妈要帮助孩子改变以自我为中心的心态，学会分清是非。比如，可经常询问孩子是否玩得开心，了解他和其他小朋友之间玩耍的情况，对孩子的正确做法要及时表扬，对于不当行为也要及时指正。

4.鼓励孩子要遵循平等的交友原则

每一个有着健康心理的孩子，都会有自己比较要好的朋友，少则一两

个，多则五六个。妈妈要时常引导孩子在和朋友交往的过程中严于律己，宽以待人，互相信赖，彼此尊重。如果孩子爱捣乱、爱逞能、爱惹是生非，妈妈可告诉他："你这样下去，就没人喜欢和你做好朋友了，老师也不会喜欢你的。"这样，孩子就会校正自己的行为，从而赢得其他小朋友的喜爱，因此自然不会孤独。

5.多为孩子创造"走出去"的机会

现代家庭多是独生子女，孩子们缺少玩伴成了普遍现象。所以，妈妈就有必要主动地创造让孩子与同伴交往的机会。比如放学后，带着孩子在小区里玩耍一会儿，这样孩子就会有更多接触其他小朋友的机会；节假日的时候，可带孩子到公共场合玩或者带孩子走亲访友等；还可以鼓励孩子约小伙伴来家里玩耍、做功课等。在这些活动中，有意识增加孩子与他人接触的机会，让他感受到与他人交往的快乐。

❋ 引导孩子自己解决人际矛盾

当孩子与小伙伴玩耍时，经常会因为一些小事发生矛盾。作为妈妈，我们要让孩子自己学会解决矛盾。学会解决矛盾对于孩子来说，是一种心理成长。

小张刚出去一会儿，就哭着跑回来向妈妈告状说："妈妈，小王打我了。"妈妈给小张擦了擦眼泪，问他具体是怎么回事。

小张哭着说："我看小王正在玩布娃娃，也想玩，就伸手去拿，小王就打我。"

妈妈听后笑着说："如果你是小王，有人什么也不说就拿你的玩具，你会怎么做？"小张想了一下说："我会生气。"

"你现在知道应该如何做了吧？"妈妈听了小张的话后问道。

小张点了点头，出去走到小王面前，恳求道："小王，你的布娃娃我能玩一下吗？"小王看了小张一眼，把布娃娃递给了她。

孩子一般在外面与伙伴发生了冲突，都会找妈妈告状，此时妈妈切忌不问青红皂白，对孩子一顿批评，这样孩子会更加痛苦。

当然，也不能盲目相信孩子的言辞，更不能指使孩子用粗暴的方式去处理问题，否则孩子与别人的矛盾就会更深。

妈妈在孩子向自己诉说与别人发生的冲突时，首先应该对孩子表示充分的理解，在情感上支持孩子；其次要弄明白孩子与别人发生矛盾的经过，与孩子一起分析是什么原因引起的冲突。

这样妈妈尽早帮助孩子学会正确、独立地解决矛盾，有利于孩子身心健康地成长，为孩子长大后正确地解决与别人发生的冲突打下基础。

首先，妈妈要认真倾听孩子的倾诉。

当孩子与别人发生矛盾，找妈妈倾诉时，妈妈不管多忙，都要认真听孩子说完，并表示出对孩子的理解与接纳，以缓解孩子的不良情绪，引导孩子把事情的经过叙述下去。

孩子与别人发生矛盾，妈妈不要着急。只有认真听孩子说，才能从中找到问题所在，才能指导孩子正确、独立地解决矛盾。

其次，与孩子一起分析矛盾所在。

人与人之间发生的矛盾、冲突，总是由一定的原因引起的，要么是自己对别人产生了误会，要么是一方有错等。

妈妈不但要认真听孩子叙述，还要从孩子的叙述中发现真伪，以帮助孩子分析冲突发生的真正原因，只有找到矛盾产生的焦点，才能更好地解决问题。

最后，指导孩子正确处理与别人的矛盾。

孩子与别人发生矛盾后，是孩子的错误，妈妈就要指导孩子学着认错；是别人的错误，就要让孩子学着宽容谅解。

✳ 懂得与人合作，才更容易获得成功

俗话说"一个篱笆三个桩，一个好汉三个帮"，团队的力量永远比一个人的力量更强大，能完成更多艰巨的任务。所以，一个懂得与他人齐心协力的人，更容易适应这个社会，并发挥积极的作用，从而达到自己和集体的目的。因此，"团结协作"是妈妈教导不可缺少的一堂课。

最近，在学校组织的团体计算机竞赛中，亮亮和小江一组获得了冠军。在全校表彰大会上，亮亮说："今天我能站在这个领奖台上，除了要感谢老师和家长的帮助外，最应该感谢的是我的盟友、我的兄弟——万小江，如果没有他对我的支持和彼此完美地合作，我想我们是无缘拿到冠军的。因此，最高兴的是，通过这次竞赛，我看到了合作的重要性。"

一段话结束后，台下响起了热烈的掌声。而同样坐在台下的亮亮妈妈更是为儿子有这样的心态感到骄傲。

案例中，亮亮的一番话很有道理。当今社会中，单打独斗的个人英雄主义已经行不通，任何一项任务的完成，任何一个产品的制作，都要分为好几个步骤和工序，由好几个人来共同完成。

俗语说：单丝不成线，独木不成林。叔本华说：单个的人是软弱无力的，就像漂流的鲁滨逊一样，只有同别人在一起，他才能完成许多事业。

当今社会，分工越来越细，任何人都不可能单打独斗取得胜利。作为家长，我们自身也已经感受到，工作中我们需要好几个人来共同完成一项任务，你再聪明、能力再强，也只有一双手、一个大脑，你不能单独取得

胜利，只有得到他人的帮助，与他人合作，才能获得更大的成功的机会。同样，我们的孩子也是如此，现在的他们正处于性格品质形成的时期，他们并不知道如何与人合作。实际上，怎样与人合作也是一门学问，我们要告诉孩子，与人为善、以诚待人，才能巩固你的人际关系；学会团结他人，你手中的力量才会更强大。孩子只有在现阶段学会与人合作，日后才会有所成就。

妈妈一定要让孩子知道合作的重要性并在日常生活中着力培养他们与人合作的能力，只有这样，才能在未来社会真正实现与他人的共赢。那么，妈妈应该如何培养自己孩子的合作能力呢？

1. 鼓励孩子多参加集体活动

这种活动可以是游戏，也可以是竞技类的比赛，多参加此类活动，一方面孩子学会了欣赏别人，和同伴友好相处，共同合作；另一方面，在与同伴的交流中，学会了如何克服困难、解决问题。

所以，在孩子课余学习时间参加一些有意义的活动，我们不能反对，反而要鼓励他们。

2. 让孩子分享合作成功带来的喜悦

妈妈要告诉孩子，无论在集体活动中充当什么样的角色，都要学会分享集体的成功，如果同队的每个成员都能做到这样，那么，整个团队的向心力也会在无形中加强。

3. 让孩子学会与人商量

小敏经常与小伙伴发生争执，这源于她的强硬和粗鲁。比如，抢曼曼正看着的童话书；偷踩月月新买的电动车……妈妈告诉小敏，伙伴之间可以交换书和玩具，但要学会和对方商量，不能蛮抢横夺。妈妈反复训练小敏这样说话："我和你们一起捉迷藏好吗？""你可以把电动车借我玩吗？"慢慢地，小敏的嘴巴果真变"甜"了。一天，楼下的强强在玩玩具车，小敏很想试试，就走上前去对强强说："我想玩玩你的玩具车，保证不会弄坏。你也可以借我的一样玩具，我们交换玩好吗？"不费吹灰之力，玩具车就被小敏借到了手。

4. 借鉴哈佛的"人工桥"

哈佛人就非常重视培养孩子的合作精神。在哈佛的体育教育中，个人项目很少，基本上都是集体项目。因为哈佛人希望通过集体性的游戏来激发孩子们合作的精神。

其中有一个叫"人工桥"的游戏是这样的。一部分学生弓着腰，拉着手，形成一座"人工桥"，另一部分学生就在这座"人工桥"上踏过去。这是一个非常感人的场面，做桥的孩子们都弓着背，让自己小组的选手往上一个接一个地跑。跑过去的孩子则在队伍前面弓下腰，再来充当"人工桥"。这个游戏需要较强的合作精神，每一个做"人工桥"的孩子都要站得牢，才能让其他孩子从自己的背上跑过去。

也许妈妈会心疼自己的孩子被别人踩，但事实上，孩子在这个游戏当中却学会了怎样与人合作。妈妈也可以借鉴这种教育理念和方式。

总之，在当今社会，任何人离开了他人的配合与合作，只靠自己单打独斗，都会遭受更多困难和挫折，因此孩子的合作能力对其一生的发展至关重要。身为家长，要在孩子小时候，就努力激发他们的合作兴趣，为孩子创造合作的机会，指导孩子掌握合作的技巧，为孩子良好个性的发展奠定扎实的基础。

让孩子敢于拒绝，敢于说"不"

生活中，有一类孩子是很多人都喜欢的，他们事事顺从、听话，让干什么就干什么。其实，事事顺从、听话，不见得好，因为这类孩子在遇到别人不正确的要求时，很难说"不"。因为一直以来，他们都顺从、听话，习惯成自然，他们会变得不懂得如何拒绝别人，不会说"不"。

例如，有的孩子在学校里是班里的"老好人"，因为别人让他帮忙做值日时，他不会拒绝；别人让他帮忙写作业时，他不敢说"不"；别人求他帮忙作弊时，他也会配合……这样的孩子，其实生活得很辛苦。因为很多事情并不是他们乐意做的，但正因为不会拒绝别人，所以他们都做了。不能按照自己的意愿做事情，对每个人来讲都是一件非常痛苦的事情。

　　胜辉读七年级的时候，妈妈每个月只给他 300 元钱作为生活费。按照常理来说，这应该是绰绰有余了，可是对于胜辉来说却远远不够。那个时候，同学们会经常一起外出吃饭，每当有同学喊他一起吃饭的时候，其实他是很不愿意去的。但是为了不扫大家的兴，他还是会跟着出去吃饭，这就意味着，他每个月也必须拿出一部分钱来请同学吃饭。

　　还有，每次当同学邀请他参加生日派对时，他总是不好意思说"不"，而是面带笑意但内心却非常矛盾地说："好的，我非常乐意！"哪怕这意味着明天的午餐又不知道如何去应付？

　　元旦或者教师节的时候，他知道有些同学和老师根本就用不着去送礼物，因为几乎就不认识。可是当同学们邀请他一起给某个同学或者某个老师送礼物的时候，他还是很"潇洒"地和同学一起去学校附近的精品店里选购……

　　为此，胜辉十分苦恼，但是又不知道该怎么办才好，只有从饭费里省。结果，营养跟不上去，学习压力又十分大，再加上他为不懂得如何拒绝别人而苦恼，最后竟然患上了神经衰弱。

　　现在的独生子女常被人称作"小皇帝"或"小公主"，以自己为中心，很少顾及他人的利益。但这样的"小皇帝""小公主"通常懦弱无比，离开了"宫殿"和"守护"，便不知道该如何自卫，处处都要找"靠山"，或者委曲求全，从小就学会自我嘲解。因为在家庭教育中除了家长不给孩子应有的自主权和说"不"的权利外，还有一个重要的原因，那就是家长没有给孩子树立说"不"的榜样。

　　这是因为，家长在现实生活中，难免会遭遇一些委屈和误会，有时为了权宜之计，不惜忍气吞声；或者是因为害怕得罪人，他们就不忍拒绝别人的请求，结果就表现得比较懦弱。在这种环境之下，孩子就不敢发泄自己心中的怒气，不敢向伤害自己情感的势力提出抗议，不会击退不公平的待遇，而是将一股股怨气埋入心中。这样的孩子在成人之后，必将有一颗扭曲的心，多会自怨自艾，终身不知如何抗争。

生活中，并不是每个人的能力都是一样的。所以，要根据自己的实际情况来决定怎样对待别人提出的请求。如果自己能力不及，为了不丢面子而硬要"打肿脸充胖子"，并为此不拒绝别人的请求，不仅会使自己身心疲惫，还会影响别人的事情；如果他人的请求影响到自己的利益，这个时候更应该为了保护自己的利益说"不"。但是现实生活中的很多孩子并不能做到这一点，因此妈妈应该教会孩子行使自己说"不"的权利。那么，妈妈应该如何让孩子学会拒绝，敢于说"不"呢？

1. 让孩子懂得谦让

在中国的家庭教育中，向来重视"知书达理""谦虚忍让"。的确，谦让一向是受人称赞的美德，这种品质应当发扬，但谦让不同于懦弱。因此，在培养孩子成为彬彬有礼的小绅士的同时，应注意扶植孩子应有的自我保护能力，使他们面对不公平时敢于勇敢地争取应得的利益，对任何不合理的要求能够断然拒绝。

2. 启发孩子学会据理力争

当孩子在学校受了委屈或受了什么不公平待遇，回来向妈妈倾诉时，妈妈不应只是安慰或附和，更不要急于自己出面解决问题，而是应当启发孩子学会适当表达自己的感受，"据理力争"，不要等到回家后再向妈妈吐苦水。例如，如果有同学让孩子做他本不该做的事情，就要让孩子学会直言拒绝，例如"对不起，这不是我应该做的事情""你没有权利指使我做这些事"……

3. 营造民主的家庭氛围

妈妈在家庭里也要努力营造出民主的气氛，不要一味地将自己的意愿强加在孩子身上，要给孩子表达的自由和拒绝的权利，也只有如此，才不会让灰暗的情感埋进孩子内心深处，在里面"发酵""变质"，制造出古怪的性情来。很多孩子之所以不会拒绝，多是因为被妈妈压迫、强制惯了。

第 6 章

培养坚强的性格，
让孩子有个勇敢的内心

总有一天，孩子要自立于社会，自立于人生。作为妈妈，如果能从小培养孩子坚强的性格，这样就会增强孩子思想的成熟度和行动的独立性、目的性和计划性。因此，妈妈应该有意识、有计划地培养，并坚持不断地锻炼，让孩子茁壮成长。

✳ 鼓励孩子"野"，但要"野"得有限度

为了防止孩子成为一个人云亦云、甘于盲从、缺乏创造力的角色，妈妈应该鼓励孩子做个"野"孩子。适当的"野"有利于孩子充分提高综合素质，敢于在师长面前刨根问底，敢于表达自己内心的真实想法，增强思维的广泛与深刻，并具有强烈的民主意识。

虽然鼓励孩子"野"，但是也要给孩子的"野"确定一个界限、一个原则，例如不要伤害到自己，不要伤害到别人，等等。

王鑫从小没有生活在妈妈的身边。在条件允许之后，妈妈才把王鑫接到身边。

从上幼儿园开始，王鑫就经常与别的小朋友打架，上课还不认真听讲，常常一下课就跑出去疯玩。老师因为王鑫难以管束，多次向他的妈妈提意见。王鑫的妈妈很头疼，为此她已经给孩子换了好几个幼儿园，但几乎每次都遭到千篇一律的投诉："你们家的孩子太野了，我们都管不好他！"

面对老师的投诉，王鑫妈妈没有盲目指责儿子，而是认真分析儿子的表现，王鑫是因为年龄小，注意力还不够集中，所以才管不住自己的。

对于孩子打人的行为，王鑫妈妈还是比较重视的。开始，她向王鑫讲道理，告诉他打人是不对的。后来又教他遇到问题要学会用语言去表达，而不是用肢体动作去表达。随着王鑫的语言能力慢慢提高，打人的行为慢慢减少了，但他依旧喜欢疯玩。

尽管如此，王鑫的成绩并没有因此落后。相反，由于喜欢动手，他设计的很多富有创意的小发明还常常成为同学之间的展品。所以，王鑫的妈

妈根据他的情况，还是有限度地"纵容"他的行为。

　　王鑫妈妈很善于区分孩子"野"的界限，对王鑫无伤大雅的"野"不予约束，对王鑫有损品质的"野"及时采取措施。这样的教育方式极有利于孩子的成长。"野"是有一定限度的。如果孩子喜欢去伤害他人，就要引起注意了。这种"野"是孩子缺乏界限、缺乏同情心的表现，因此，也要注意管束。妈妈必须甄别这两者之间的差别，才能把握好哪些方面要放手让孩子"野"一点儿，哪些方面需要加以控制和约束。

　　那么，妈妈应该怎样培养孩子做一个"野"孩子呢？不妨参考以下建议：

1. 不要剥夺孩子玩耍的权利

　　因为让孩子远离玩耍，不但会扼杀孩子的天性，而且也剥夺了孩子的快乐。因此，无论在什么时候，都要鼓励孩子每天抽出足够的时间来玩。孩子在玩的过程中，往往是进行有效学习的过程。强迫孩子过早地埋头作业堆中，很容易导致孩子出现厌学情绪。

2. 不要过分干涉孩子的活动

　　有些孩子可能会制造各种很大的动静，让人很心烦。这时候，如果妈妈冲着孩子大嚷："你给我安静点儿！"孩子可能会由于突然的呵斥而受到惊吓，严重的可能会留下阴影，导致他下次不敢玩类似的游戏。而轻松对待则有利于孩子的成长："哟，宝贝，你怎么'大闹天宫'起来了？能不能小点儿声？"这样幽默轻松的语气，会让孩子理解并能够更好地执行。

3. 不要约束孩子的天性

　　妈妈不妨陪着孩子一起疯玩。看到孩子玩耍的时候，有的妈妈说："别吵了！"有的妈妈却会放下手中的活儿，对孩子说："我可以加入进来吗？"不同的对待，亲子关系也不同。妈妈还可以制造机会和孩子一起"野"。

❊ 让孩子去摸索、尝试新的事物

"别动……"为了保护孩子的安全，许多妈妈经常说这样的话。其实，聪明的妈妈应该让孩子有充分的自由去摸索、尝试新的事物，当然，这是在妈妈做足了保护防范措施的前提下。用赏识的目光去鼓励孩子，教给孩子探索世界的方法，比给他讲 100 遍道理有用得多。

对于俊俊来说，世界充满了未知，也充满了乐趣，一切的一切在他眼里都是新鲜的。对于大人司空见惯的东西，在他看来却充满了未知数。这不，他琢磨上了饭桌上的热水瓶："这是干什么用的呢？软的？硬的？凉的？热的？能吃吗？……"俊俊的小脑袋里闪过一个又一个的问题，他爬到了椅子上，准备对热水瓶来一番仔细的研究。"天呐！俊俊，你在干什么！"妈妈的尖叫声吓了俊俊一跳，差点儿打翻了桌上的热水瓶。

"宝贝儿，快下来，妈妈告诉你，千万不要动热水瓶！这太危险了，走，妈妈给你拿巧克力吃，可得离这儿远点。"妈妈一边说一边拉走了儿子。

以上的一幕对于有孩子的家庭来说一定不陌生。在妈妈眼里，这个世界无处不是危险，随时都可能发生意外。为了保护孩子不受意外事故的伤害，最好的办法就是将孩子时时置身于"安全"的范围之内或自己的庇护之下，远离一切想象的或可能的潜在威胁。

殊不知，这样的保护的确保证了孩子的安全，可是在"保护"孩子的同时，却也剥夺了孩子探索和尝试的权利，限制了孩子实现自我发展的需求空间，使孩子失去宝贵的体验机会，从而也就扼杀了孩子的勇气。

实际上，妈妈大可不必这么紧张。从生理学的角度来看，孩子好奇心的发展与身体能力的发展相辅相成。比如，孩子学会走路意味着能脱离妈妈去探索世界，一旦发现这种新的自由，孩子就会很兴奋。

好奇心是人类的天性，现代研究表明：对于孩子来说，一旦面临新奇的、神秘的、自相矛盾的事物，就会产生三种形式的探究行为：感官探究、动作探究和言语探究。正是通过这些探究行为，孩子有选择性地了解周围事物，并积累大量生活经验。妈妈应该尽量创造满足孩子好奇心的环境、条件，把孩子的好奇心引向强烈的智力活动。这些探究行为如果能够得到不断的强化与满足，还会逐步内化为个体良好的心理品质。

而且，好奇心还是创造性人才的重要特征。也就是说，保护孩子的好奇心就是保护了孩子的创造性。创造性的培养应该从小抓起，这已经成为学者的共识。美国学者希克森特米哈伊在谈到创造性人才的因素——好奇心的重要性时，明确提出，"通往创造性的第一步就是好奇心和兴趣的培养"。他认为，好奇心是需要保护的，所有的孩子都有好奇心，但孩子的好奇心能否保持到成年，则在很大程度上依赖于孩子早期生活中所受到的鼓励。幼儿好奇心很强，在他们看来，周围环境中的许多事物都是新奇的，很多都出乎他们的预期，他们想要观察、探索、询问、操作或摆弄这些事物，这些都是好奇心的外在行为表现。如果这些行为能得到父母的鼓励与支持，就会逐渐内化为幼儿的人格特征。如果孩子探索的行为遭到了父母的阻止或是斥责，这些行为会逐渐消退，具体外在表现为对新奇事物的冷漠、回避等心理倾向，如此发展下去，明显不利于创造性人格特征的形成。

既然认识到了这种好奇的探索对于孩子发展的重要性，妈妈就要发挥智慧，既满足孩子探索的愿望，又巧妙地避开危险和伤害。比如，可以将贵重物品、危险物品以及药物收到孩子够不着的地方，把电源遮挡起来，加固门窗开关，等等。一般情况下，只要妈妈布置有方、看管得当，孩子就不会给自己带来很重的伤害。因此，我们一定要放松心情，不要紧张兮兮、亦步亦趋地盯着孩子，更不要事事处处阻拦他们。

✳ 不该担心时就不担心

很多妈妈对孩子保护过度，生怕孩子做什么事情会受伤，总是形影不离地待在身边，让孩子渐渐变得依赖，习惯被保护。当孩子逐渐长大时，这种情形仍然没有改变。孩子的能力发展后，应该随之调整。但是由于妈妈过度担心，最终变得胆小怕事、畏首畏尾。因此，妈妈不应该过分担心孩子并因此限制孩子的行动，否则只会让孩子变得越来越胆小。

婷婷有些胆小、孤僻、不合群。原来她小的时候，爷爷奶奶特别担心她，总是给予过多的保护。冬天怕她冻着，不让出去，一个冬天都待在屋里。无论做什么事，爷爷奶奶都要一左一右地跟着。婷婷想和其他孩子玩儿，爷爷奶奶怕她受欺负，总是等到游乐场都没什么孩子的时候再带她去。时间长了，婷婷每天都习惯待在家里，看看图画书，自己玩过家家，平时很少出门。家里如果来了客人，无论是大人还是小孩，婷婷都不怎么理睬。甚至饭桌上有客人，她也不愿意一起吃饭，一般会独自回房间里玩玩具。

婷婷 4 岁那年，妈妈送她上幼儿园，但是婷婷有些认生，加上离开家人很害怕，又哭又闹，怎么也不肯去。爸爸妈妈强行把她送入幼儿园。婷婷哭了一天，把爷爷奶奶急坏了，坚持要把她接回来。爸爸妈妈劝他们说："你们就别管了，过几天她自然就习惯了，适应了就好了。"爷爷奶奶都不答应。最后，孩子缓一年上幼儿园。可是第二年入园一个多月了，她还是不肯和任何小朋友玩儿，也不和任何小朋友讲话。老师问她怎么回事，她说："爷爷奶奶怕我被人欺负，让我不要和小朋友们一起玩。"老师感到啼笑皆非，鼓励她与一些性格比较温和的小朋友一起玩。有一阵子，老师组织春游。结果，婷婷的爷爷奶奶就向老师请假。老师询问原因，老人说：
"春游要走那么远的路，我们家孩子受不了！"老师再三劝说无效。由于婷
婷和班里几个小朋友玩得特别好，看到他们要去，于是也哭喊着要去。爷
爷奶奶终于妥协了，但是他们非要让婷婷的妈妈跟着去。

　　放手让孩子去做事，去游戏，与人交往，不仅不会给孩子带来多大危
险，反而会为孩子提供更多的机会成长、学习。只要保证安全，其他方面
的活动尽量不要限制孩子。这样，才能给孩子营造出宽松的环境，让孩子
在其中自由地成长。那么，妈妈应该怎么做，才能真正做到不该担心的时
候不要担心呢？

　　（1）尽量减少对孩子的限制。只要不是玩火、玩电或在马路上嬉闹玩
耍，就不要过分限制孩子的活动。孩子的心智发展需要一个自由的空间，
如果处处被限制，那么孩子就会失去自由的乐趣，减少探索的热情。

　　（2）多鼓励孩子参与各种活动。父母不妨创造出各种条件，让孩子经
常在生活中锻炼自己的动手能力、与人合作的能力等。

　　（3）适度放手，给孩子创造独立的成长空间。妈妈应该放弃一些不必
要的担忧和恐惧，减少对孩子的限制，让孩子自由自在地成长。

　　（4）做好安全防护措施。对于一些看起来比较危险的事情，要做好安
全防护措施，才能放心地让孩子玩儿。

　　（5）不要在脸上流露出担心。有些妈妈对于孩子要做一些超出力所能
及的事情，常会大惊失色，然后赶快加以制止。其实，妈妈不妨控制一下，
让孩子试一试。即便担心，也不要流露出来，并暗中助孩子一臂之力。

✲✲ 培养孩子独立自主的能力

很多时候，让孩子自己照顾自己，妈妈只是在口头上说说而已。妈妈过分担忧，放心不下孩子，就替孩子做很多事情。随着孩子依赖性越来越强，本来可以自理的事情，也慢慢地懒得做了，变得不能独立。孩子的成长过程是不能代替的，妈妈不要总是干涉孩子"内政"，过多帮助孩子。否则会剥夺孩子尝试的机会，打击孩子的自尊心和自信心，也浇灭了孩子主动解决问题的热情。

萍萍已经上小学了，她从小非常独立。刚上幼儿园时，妈妈就训练她自己穿衣服，从来不帮她。有一次，萍萍把衣服都穿反了。妈妈看到了也没有告诉她，想让她自己发现、调换。果然，放学后，萍萍的衣服已经换正。萍萍说："一到幼儿园我就发现衣服穿反了，然后我就自己脱下来重新穿好了。"

萍萍长了龋齿，妈妈告诉她："萍萍，你的牙齿里长虫虫了。如果你不去治疗，虫虫会把牙齿弄成一个大洞，慢慢地牙齿就掉了。如果你去治疗，会有一些痛，但是可以保住这颗牙齿。你要不要去呢？"萍萍听了，说："那我肯定要去治疗啊！"于是萍萍就去医院治疗了龋齿。

过了一阵儿，萍萍还得去看牙。妈妈说："宝贝，这个周末我要出差，你自己去好吗？顺便去看看世博会。"萍萍说："妈妈，你不陪我去了吗？"妈妈说："妈妈有要紧的事情做。"萍萍说："不是吧，你不怕我被人拐了吗？"妈妈说："放心，我相信以你的聪明，会很安全地到医院看牙齿，然后看世博会，最后回到家里的。"没办法，萍萍只能自己去。不料奶奶不放心，就说："要不我跟你去吧？"萍萍同意了。

看完牙后，萍萍带着奶奶吃了顿午餐，就直奔世博展览馆了。萍萍自己看地图，然后再挑要去哪个场馆，一边参观还一边给奶奶讲解。

奶奶回家后对萍萍的妈妈说："以前我老觉得你不管孩子，现在我终于明白了，你做得对。人家都是大人照顾孩子，只有我们家是萍萍照顾我这个老人呢！"奶奶一脸自豪地说。

对于孩子能做的事，尽量让孩子自己做。当孩子进行的时候，父母要有耐心。尽管孩子开始做得不一定很好，但是父母一定不要替代包办，而要让孩子一点点地努力，培养孩子独立自主的能力。只有允许孩子犯错误，才能培养出一个独立、自理能力强的孩子。那么，妈妈该如何培养孩子的独立自主能力呢？

1. 放手让孩子学会自理

妈妈应该让孩子学会自理，一定不要事事都替孩子安排好，而要告诉孩子，有些事必须自己做，不是为别人做的，是属于他自己的事。让孩子有独立意识，才有接下来的一步，让孩子愿意自理生活。

2. 及时鼓励孩子的自理行为

有些孩子歪歪扭扭地拿着勺子，开始学吃饭，妈妈要鼓励孩子。这样，孩子慢慢地就学会怎么吃饭了。孩子想自己穿衣服，就要鼓励孩子试一试。不要因为他穿不好，就着急帮助他。无论孩子做什么事，家长都要进行必要的鼓励。只有这样，孩子才会慢慢地享受到独立自主的快乐。

3. 对孩子要有足够的耐心

也许一开始孩子的表现不尽如人意。例如，让孩子自己收拾房间，但是他把房间弄得更乱了；让孩子学做饭，孩子没经验，做不好；让孩子控制睡眠时间，他却不加节制；等等。

4. 做好一定的安全措施

让孩子自理的同时，也要注意做好一定的安全措施。例如，孩子要自己学做饭，妈妈就要详细给孩子讲解火、电的使用，还要教给孩子刀具安全使用的方法，必要时，在旁边协助。千万不要大意，让孩子去做一些超出自己能力范围的事。否则，锻炼不成，反而由于出现意外而产生心理阴影。但是，妈妈也不要太强调这方面的问题，第一步仍然是肯定孩子的动机，然后用适当的方法引导孩子去做。

✳ 鼓励孩子"自作主张"

有这样一则发人深省的故事：

有一个孩子帮妈妈去定制新鞋，鞋子的样式有两种：一种是圆头的，另一种是方头的。孩子一时间没了主意，一会说做圆头的，一会又说要做方头的。在孩子游移不定之时，鞋匠已经把鞋子做好了——鞋子一只做成了方形，一只做成了圆形，根本无法穿……

这个故事告诉我们，优柔寡断的人无法行事，这样的人很可能忙碌一生也毫无建树。因此，妈妈们应从小培养孩子的决断能力，为孩子把握人生机遇打下坚实的基础。

果断的性格是一个人具有出众自我决定能力的体现。我们都知道，现代社会是一个高速发展的社会，要想在这个社会中取得成功，就必须具备这种遇事果断处理的能力。对于孩子来讲，做事果断实际上是一种智慧和才能的体现，也是孩子未来能取得成功的关键。

但性格的养成是一个长期的过程，据心理学家研究发现，一个人做事不果断的性格形成可以追溯到他的童年，在一定程度上是父母影响的结果，所以，作为父母，应该高度重视这个问题。

那么，如何能培养出一个爽快利落、做事雷厉风行的孩子呢？我们先来看下面的一个事例：

亮亮是一个性格非常爽快的孩子，做事从不拖拖拉拉，一贯都是雷厉风行，不管是在家里还是在学校，都非常受欢迎。这主要得益于他妈妈李女士的教育。

李女士从亮亮很小的时候就注意培养其果断的性格。日常生活中，李女士会刻意让亮亮自己去决定许多力所能及的小事，比如电视看哪个频道，出门穿什么衣服，晚上吃什么饭，压岁钱怎么分配等。

有一次，李女士开车送他上学，由于路上堵车而迟到了。亮亮怕挨老师的批评，就坐在车里哭，一定要妈妈陪着才肯进教室，否则就不下车。但是，李女士并没有因为孩子的哭闹而心软，而是果断地拒绝了亮亮的请求，同时给了亮亮两个选择：一个是自己进教室，另一个就是立刻回家。结果，亮亮不得不自己走进了教室。

当天晚上，李女士明确地告诉亮亮："许多事情是你自己必须解决的，不能依赖别人。一些事情你今天不想面对，明天还是一样需要你去面对。"

就是在这样的教育下，亮亮才有了这种做事不拖泥带水的性格，现在的他已经是学校的大队长了。

妈妈在孩子面前必须态度明确、行为果断，以此来潜移默化地影响孩子。如果孩子有了优柔寡断的倾向或习惯，就要帮他立刻改正，不要让它在孩子的身上生根发芽，否则就会毁掉孩子将来的各种机会。

另外，遇事能够借鉴他人意见，借助他人做出正确决策，无疑是值得提倡的方法。但是缺乏主见的孩子不是这样，他们遇事总是去问别人该怎么办，完全等着别人拿主意，这是孩子的依赖心理在作怪。

李晓是一个非常没有主见的孩子，做什么事情都优柔寡断。

有一次，妈妈让李晓报一个特长班，让他在钢琴班和书画班中选一个。李晓犹豫了好久，也不知道选哪一个好。于是，他问妈妈："您觉得我该选择哪一个呢？"妈妈说："你自己决定吧！"

一直到两个特长班都开课一周了，李晓还在犹豫呢！李晓的妈妈气得直摇头："我的孩子做事这么犹豫不决，将来能走向社会吗？"

遇到这种情况，妈妈一定要想办法帮助孩子甩掉这个心理上的"障碍"，孩子的自主意识才能成长起来。如果当孩子遇事犹豫不决，向妈妈征求意见时，妈妈不要马上给出答案，而是要引导和鼓励他拿出自己的意见。哪怕孩子说出的意见没有多少价值，也要先予以鼓励的语言，然后再帮其完善。这样一来，孩子果敢的性格就会逐渐形成。

还有，要鼓励孩子当机立断，勿求"万全之策"。有些孩子遇事优柔寡断，犹豫不决，主要的原因就是总怕自己考虑得不够周全。这点本无可非议，但是，万事不可能十全十美，周全与否是相对的。如果考虑得过于缜密，会使很多机遇从眼前白白溜走。家长要让孩子懂得，凡事能有七八成的把握，就应该下定决心去做，这对于培养孩子的果断性格会大有益处。

✳ 鼓励孩子勇敢面对逆境

温室里的花朵往往很难经受风雨。让孩子学习面对困难、克服困难，保持乐观、积极的人生态度，对孩子来说非常重要。不要让孩子感觉磨难是令人痛苦的，而要告诉孩子，磨难才能锻炼出强有力的心智。

石磊从小被妈妈过度呵护，妈妈从来没有让他干过家务活儿。上了小学，他还不会自己穿衣服。每天早晨起来，都有人帮他挤好了牙膏；吃早餐的时候，连鸡蛋都帮他剥好了……

如果老师批评了他，他就哭哭啼啼回家找妈妈，不想上学。妈妈就到学校去指责老师批评的口气太严重。小伙伴欺负他，也常常是爸爸妈妈出面，一定要老师帮忙处理。这样造成的结果是，石磊的人缘特别差，没有人愿意和他玩儿。一直到上大学之前，石磊还不会自己洗衣服。大学报到时，家里人前拥后簇，行李超多。尽管如此，石磊并没有像其他同学一样更加快乐。由于生活不独立、性格懦弱、不会处理人际关系，他在大学遭遇的困难可想而知。

过分溺爱，于孩子的成长十分不利。妈妈疼爱孩子要有限度，尤其是在孩子遇到挫折时，更要借机让孩子锻炼自己的能力，增强抗挫折的勇气，把自己的聪明才智用到对付问题上，不断地开动脑筋，学会创造性地解决问题，用耐心和细心做好自己的事。

孩子只有克服磨难之后，才能真正体会到什么是幸福。因为幸福可能是在克服困难之后才能获得的精神愉悦。那么，如何才能让孩子学会面对磨难，从跌倒中成长起来呢？让孩子适当地吃点儿苦，适当吃苦有利于孩子的成长。

如果孩子遇到了困难与逆境，妈妈要想让孩子摆脱心理负担和挫折感，需注意以下几个方面：

1. 帮助孩子分析原因，理性思考，克服障碍

人的一生遭遇挫折是正常的，妈妈要帮助孩子对逆境产生的原因进行实事求是的分析。在实际生活中，由于产生挫折或逆境的各种原因往往错综复杂地交织在一起，因而要进行客观的分析并非一件容易的事情。特别是在逆境中人的思维容易产生冲动和偏激，人在青年时更是这样。

2. 帮助孩子减轻学习上的压力

父母在学习上给孩子的压力，使许多学生在学习中表现出学习焦虑、学习疲劳、厌学症、学习困难和考试焦虑等症状。有些学生反映：他们经常一捧起书本就头疼、恶心，心情烦躁，坐立不安，注意力难以集中，思维混乱，夜间常有失眠发生，导致学习成绩下降。这种问题多是学生长期处于过度紧张和疲劳状态造成的。他们大多比较要强，但又学得不得法；自己学习很努力，极力想满足父母和教师的期望，于是投入大量时间和精力，但长时间的高度紧张、休息不足、调整不当，导致神经系统紊乱，身心状态极为疲劳，因而事与愿违。

3. 帮助孩子解决个性心理的压力

孩子面对困难时不能及时调整自己的心态、不能换位思考，再加上有的妈妈不能尊重孩子，尤其是孩子思想、人格得不到来自妈妈的尊重，使孩子的挫折感更加强烈。所以，妈妈要帮助孩子解决心理的压力。

✳ "输得起"的孩子更有竞争力

在陪伴孩子成长的过程中，相信很多妈妈都会有这样的感受：自己和孩子玩游戏，只要赢了他，他就会很不开心，甚至哭闹着一定要自己"赢"才行。

也许，妈妈不会把这样的事情放在心上。但事实上，这可没有那么简单。孩子"输不起"是一种正常现象，但倘若此时妈妈为了照顾孩子的情绪而进行哄骗和迁就，那么就会让孩子形成对事物的错误判断，他们会认为"我就是厉害，比你们都厉害"！

这种思维一旦在孩子的心里根深蒂固，那么造成的后果可想而知：自负、目中无人……所以，面对"输不起"的孩子，妈妈不妨换一种让孩子可以接受的方式，让孩子认识到输赢是正常的。让我们看看下面案例中琦琦妈妈的做法，她的处理方式就很有借鉴意义。

琦琦今年 5 岁，从 3 岁多就开始下象棋。可是因为琦琦年龄尚小，自然不是妈妈的对手。

不过，为了逗孩子开心，有时候妈妈会故意"放水"。但更多的时候，妈妈还是"亲兄弟明算账"，从不迁就琦琦。每当这时，琦琦就好像受了天大的委屈一般，大哭不止。

看到琦琦这个样子，妈妈说："你现在才 5 岁，还是一个小孩子，能和大人下象棋并且能下到这个程度，已经算是很厉害了。每当和你下棋时，看到你专心致志的样子，我都感到骄傲呢！如果仅仅为了你高兴，我假装输给你，那又有什么意义呢？"

看到琦琦认认真真地听着自己说话，妈妈接着说道："现在你自己来选择，是要妈妈假装输给你，还是你一直和我挑战，想办法将来赢过我呢？"

经过妈妈的一番鼓励和引导，琦琦毫不犹豫地选择了后者，流露出一个小小男子汉的气概。对此，琦琦的妈妈欣慰不已，庆幸没有向孩子"妥协"，没有假装再输给他。

不得不说，琦琦妈妈的"输得起"理论，很值得一些妈妈学习和借鉴。在现实生活中，有不少妈妈认为让年幼的宝宝经历挫折太早，当宝贝遭遇挫败时，表现得心疼不已，他们要么为孩子的挫败寻找理由，要么尽力帮孩子弥补或过分地哄骗，并小心呵护避免孩子再次遭受失败。殊不知，这样做的后果不但无法让孩子了解到真正成功的意义与失败的价值，而且也不能帮助孩子正确面对失败及成功，而这些都是人生中非常重要的功课。

所有妈妈都应当明白，每个孩子都是稚嫩的树苗，不经历风雨的洗礼是难以长成参天大树的。从这个角度来说，挫折就是孩子学习和成长的最好课堂。不遭遇挫折，孩子就无法认识到现实的世界和真正的生活；不经历挫折，孩子就无法学会镇定、坚强地面对困难；不战胜挫折，孩子就无法认识到自己的主观能动性，无法给自己下一个中肯的评价，也就无法养成坚韧不拔的意志，一步步走向独立。

道理我们已经明白，那么接下来，我们就应该通过实际行动，将"输得起"的心态"注入"孩子的体内。

1. 妈妈要从自身做起，端正态度

很多妈妈往往走入这样一个误区：喜欢让孩子在别人面前展示"才艺"，并以此作为自己的"门面"。如果孩子表现得好，就夸孩子聪明、能干；如果表现得不好，就指责和埋怨孩子笨。毋庸置疑，这种教育方式是非常不可取的，因为这样做很容易让孩子走向两个极端，要么争强好胜，一定要赢；要么失败了就爬不起来，甘愿就此沉沦。

身为孩子的启蒙教师，要让孩子"输得起"，父母就必须先平衡自己的心态，正确看待孩子的输赢得失。当孩子在学习或者游戏中遭遇失败、情

感受挫时，父母应该教育他克服沮丧和悲观的思想，然后帮助孩子分析失败的原因，使孩子以积极的心态来面对暂时的挫败。即使他很优秀、很受瞩目，我们也不要一味地称赞，而是应当让他戒骄戒躁，以免走上自负的道路。

2. 提高孩子的挫折承受力

遭遇挫折，这是每个人生活中必不可少的环节。然而，有的妈妈为了让孩子尽快恢复到快乐积极的状态中来，会刻意地帮孩子排除一些正常环境中遇到的困难，一发现孩子受挫，就伸出手来帮忙。这样做，实际上是剥夺了孩子自己面对失败的机会。

举例来说，孩子在用积木搭一座高楼大厦，可是就在快要大功告成的时候"楼"塌了，这时孩子自然会流露出失望的表情。尽管如此，妈妈也不要直接帮助孩子解决，而应该和他一起讨论，引导孩子去思考，然后让他自己去执行解决的办法。这样，他就不会在失落的情绪中不可自拔。

事实上，孩子克服挫折的能力和动机，正是源于遭遇过的挫折。当他们拥有足够的应对经验时，就不会对挫折感到恐惧，不会因为遇到挫折而一蹶不振。

3. 让孩子多参加一些集体活动

孩子在和小朋友一起游戏的过程中，往往会经历一些挫折和失败。这个时候，妈妈不要大惊小怪，一味地训斥或者安慰。因为集体活动就是如此，不可能人人都能得到满足。而通过对自己和他人的审视，孩子就会更好地认识自己，看到自己的缺点和别人的长处，意识到"天外有天"的道理。这样一来，他自然"输得起"，因为他知道自己还有进步的空间，下一次一定会做得更好！

总而言之，家庭教育要有一个长远的计划。美国有句谚语："爱孩子是老母鸡都会做的事情。"我们不能因为自己自私的爱，导致孩子不敢接受挫折。让孩子直面挫折，让他体验和克服困难，建立积极进取的自信心，这才是家庭教育的精髓。所以，对孩子"狠下心"来吧，让他敢于面对挫折，这才是真正的爱孩子、教育孩子。

✱✱ 激发进取心，让孩子扬起前行的风帆

很多学校的校训、班训里都有"进取"一词。的确，进取精神是人的性格中的一种个性特征，尤其对于孩子。一个拥有进取心的孩子，会顽强地向着未知领域不停地进行探索，促进其智力的发展，强化孩子的自信心和坚强意志。

有的妈妈会说：有没有进取心，关键看孩子在学校是否努力。这样的观点，只能证明你对家教的轻视。其实家教与学校和老师一样，都会对孩子产生巨大的影响。所以，妈妈要配合学校，大力培养孩子的进取品格，使他们不怕困难，不畏艰难，满怀信心地朝自己的目标迈进。

我们先来看一下古代大书法家王羲之和夫人是怎么培养儿子的进取心的：

东晋大书法家王羲之的第七个儿子名叫王献之，他自幼聪明好学，因此父亲从小就培养他的书法水平。

有一次，献之正聚精会神地练习书法，这时父亲忽然过来要从他手中抽走毛笔。可是献之握笔很牢固，没被抽掉。对此，王羲之很高兴，不由得称赞道："此儿后当复有大名。"

听到父亲这样夸赞自己，小献之心中不免有些沾沾自喜。后来，由于献之勤奋好学，书法功底越发深厚起来，而与书法齐头并进的，还有他日益滋长的骄傲情绪。

对此，献之的母亲开始若有所思。

有一天，献之问母亲自己是不是再写上 3 年就大功告成了，母亲却摇

摇头。献之又加了2年，说那5年总行了吧？母亲又摇摇头。

小献之着急了，继续问道："那您说究竟要多长时间？"

献之的母亲温和地告诉儿子："看看我们院子里，那里有18缸水，当你把这18缸水都写完，你的字才会有筋有骨、有血有肉，才会站得直、立得稳。"

虽然献之心中不服气，但迫于父母的压力，什么也没说，一咬牙练习了5年的时间。献之看到自己刚劲有力的字，认为这下父亲该表扬自己了。可没承想，王羲之一张张地看过，一直在摇头。当他看到"大"字的时候，脸上现出了较为满意的表情，然后随手在"大"字下加了一个点，就把字稿退给了儿子。

献之心里憋屈得很，带着不服气的劲儿又来到母亲面前，他对母亲说："我辛辛苦苦又练了5年，并且是完全按照父亲的字样练的。您仔细看看，我和父亲的字还有什么不同？"母亲接过字稿，认认真真地看了半天，最后指着王羲之在"大"字下加的那个点，叹了口气说："你练完了三缸水，只有这'一点'像你父亲。"

听了母亲的话，献之深感错愕，他觉得自己不是写好字的材料了，于是准备放弃。母亲见他的骄气已消尽，就鼓励他说："孩子，只要功夫深，就没有做不成的事。你只要像这几年一样坚持不懈地练下去，就一定会达到目的的！"

听完母亲这一番话，小献之叹了口气，又锲而不舍地练下去。终于，功夫不负有心人，当献之练字用完了院子里的18缸水之后，他在书法上的造诣突飞猛进。后来，和父亲一样，王献之的字也达到了力透纸背、炉火纯青的地步，父子俩的字并列，被人们称作"二王"。

王献之的母亲用恰当的方式鼓励和刺激了自己的孩子，将孩子的进取心激发出来，并最终使他获得书法上的巨大成功。现在的孩子，绝大多数都是独生子女，是家里的"小皇帝""小公主"，家长的宠爱和优越的物质条件，使得这些孩子往往得不到锻炼自己意志和品格的机会。

所以，妈妈一定要认识到，生活是现实而残酷的，一个不具有顽强意志、不能积极进取的孩子将来必将无法在社会上很好地立足和发展。培养孩子顽强进取的精神品质，这才是我们的重中之重。那么，妈妈要如何培养孩子的进取心呢？

1. 停止指责和批评

妈妈经常指责与批评，只能对孩子造成更大的伤害，产生更多的麻木，还会损害亲子之间的感情。所以，妈妈不妨多表达理解，多和孩子交流一些学习以外的事情，这是使孩子接受教育的前提。

2. 建立正确的比较方法

不要经常拿自己的孩子和别人的孩子比，而是要纵向地让孩子自己和自己比。要让孩子看到自己每天的进步，并加以鼓励。诸如"你永远都赶不上××"之类的话，妈妈万万不可脱口而出。

3. 让孩子感受成功的滋味

有的孩子之所以没有进取心，是因为从来没有体会过成功的滋味，自然甘愿自暴自弃。对于此，妈妈可降低学习难度，让孩子多做些基础题和中等题。在学习时可以按先易后难、先轻松后繁重、先有趣后枯燥的原则进行。树立小的容易实现的目标，让孩子在并不困难的情况下完成任务，实现目标之后自然会获得成功的满足感。

4. 锻炼孩子的意志

锻炼孩子多从事需要耐力的活动，比如登山、长跑等，这会让他体会艰苦与成功；同时，对孩子也不要大包大揽，要允许他们自己做，相信他们的能力，允许他们出错、反复、重新开始，这样他们才敢于尝试，愿意通过努力收获成功。

5. 期望和信任是必不可少的进取动力

妈妈可以多与孩子沟通，把对孩子的信任和期望表达出来，并对微小的进步及时给予鼓励。当孩子面对困难与挫折时帮助孩子分析并陪孩子共同面对，这样不但可以愉悦其心情，还可以促进其进取。

6. 做孩子的导师

妈妈不努力，培养不出充满进取心的孩子。所以，即使你不是总经理，即使你只有中学文化程度，我们也不能因此自暴自弃，而是应该给子女树立一个积极进取、好学上进的榜样。妈妈在每个夜晚，可以抽出时间看看书、学学新知识，让孩子看到自己的努力。遇到难题，不妨与孩子一起讨论，让孩子感受到你的积极，从而受到启发。

总而言之，唯有积极的孩子，才敢于挑战未来，敢于和对手竞争。激发孩子的进取心，让他成为一个永远向前冲的"高速列车"！

✱✱ 让孩子发自内心地明白：凡事都要靠自己

现在很多孩子都有严重的依赖思想，他不会照顾自己的生活，有的都十几岁了，还从来没有自己洗过衣服、叠过被子……他也不能为自己做出任何的选择和决定，因为他什么都不知道，什么也不懂。这样的孩子，通常被称为"书呆子"或"高分低能儿"。

情景喜剧《家有儿女》中有一节讲的就是这种"高分低能"孩子的故事：

有个孩子学习成绩异常优秀，被人称为"天才""神童"。主人公有心让自己的孩子向这位"神童"学习，就千方百计地请这位"神童"来家里做客，想让他给自己的孩子传授一些成功的经验。

可当主人公和孩子终于见到这位"神童"之后，他们决定决不能让孩子向"神童"学习。因为"神童"完全沉浸在自己的世界里，满脑子都是书本，不懂与人交流，不懂时事，不懂欢笑……完全就是一部学习的机器。而且最重要的是，他除了看书什么也做不了，所有的事都得依靠妈妈来打理。

最后主人公有感而发地说："这哪里是'神童'，完全是一'废物'！"

虽然影视作品有夸张的成分在里边，但也说明，如果孩子凡事都要靠他人之手，都要别人来帮助，那他就真和"废物"差不多了。

如果我们不让孩子凡事靠自己，总是无条件地让他依赖我们，那当他走向社会，没有可依靠之人以后，他会感到彷徨、无助、孤独，更会自怨自艾，难有所成。

所以，我们一定要让孩子学会凡事都要靠自己的力量来完成，不能依靠别人。那么，妈妈应该如何让孩子凡事都要靠自己呢？

首先，教孩子学会自己照顾自己。

孩子没有自理能力的时候我们是应该给他最好、最仔细的照顾，可当他到了可以自理的年龄时，我们一定要让他学会自己照顾自己的生活起居，不能让他再对我们产生依赖感。

比如，孩子6岁了，我们要让他自己洗脸、洗头，洗小件的衣物，简单收拾一下房间；孩子8岁了，我们要让他自己去买所需要的学习用品，试着自己做饭吃……

其次，引导孩子靠自己的力量完成学习任务。

想让孩子学会凡事靠自己，就应该让他独立面对学习任务。比如，要让他依靠自己的力量来完成家庭作业，我们不能提供太多的帮助，更不能专门坐在他旁边等着他问问题。

另外，我们还要告诉他，千万不能抄袭他人的作业，否则一旦养成坏毛病，自己永远也不会在写作业这件事上受益，而且在考试时，也总是想着去抄别人的，那后果就不堪设想了。

再次，鼓励孩子自己解决遇到的难题。

有这样一个小故事：

一棵长在墙角的小野菊总是没有足够的水喝，所以长得很矮小。一个小女孩看到后觉得它很可怜，就天天来给它浇水。慢慢地，小野菊依赖上了小女孩。再也不肯费力地生长根部了。

　　可有一天，不知什么原因，小女孩再也不来给小野菊浇水了，喝不到水的它渐渐枯萎下去。就这样熬了几天之后，小野菊终于渴得受不了了，它艰难地向地下伸展，一瞬间，一股清凉的生命之水流进了它的身体。它突然明白了一个道理：靠别人不如靠自己啊！

　　的确是这样，遇到难题，我们自己先得想办法解决，实在解决不了再去请求别人的帮助，但也不能由此就完全依靠别人。因为问题和困难最终还得是我们自己去面对、去解决，别人只能起引导或辅助作用。而这样的道理，我们也一定要让孩子明白，所以，我们要鼓励孩子：遇到难题，一定要想办法自己解决，不能轻易求助他人，更不能依赖他人。

　　最后，尽早让孩子明白，我们不能一直都帮他。

　　我们终有一天会老去，再也不能为孩子提供坚实有力的臂膀，再也不能给他温暖的怀抱，那孩子能依靠的只能是他自己了。如果我们不让孩子现在就学会凡事依靠自己，不让他学会依靠自己去解决问题，那当我们再无力支持他时，他可能就会不知所措，会颓废、会消沉……

所以，我们要尽早让孩子明白，最可靠、最应信赖的"支柱"是他自己，不是别人。在平时的生活中，我们要有加强对孩子独立性训练的意识与行为，从心理上学会放下孩子，少帮助他，慢慢地，尽可能不帮他。这样，才能让孩子真正强大起来。

✳ 爱哭的孩子，眼泪不是你的武器

很多家庭中都有这样一个"爱哭鬼"，一遇到不顺心的事情就哭个没完，弄得父母手足无措、心烦意乱。面对这样的孩子，父母该采取什么样的对策呢？首先，父母要明白，孩子性格懦弱，多半是不良的家庭教育造成的。比如溺爱。孩子遇事就哭，其实是在用哭声为自己找一个"挡箭牌"。这时，父母不妨多给孩子创造一些自己面对难题的机会，不要凡事都替他去做；另外，还要让孩子多与其他孩子接触，学习如何与他人相处。这样，孩子才不会遇到问题就害怕，而会逐渐把胆量壮大起来。

有的孩子颇有些"小心机"，他的哭常常伴随着一定的"目的"。比如，父母不给买他想要的玩具，他就坐在地上哭；父母不答应带他出去玩，他就趴在门上哭……孩子这种"要挟式"哭的前提，往往是因为父母曾经被他的哭"打败"过，孩子觉得哭是有效的，所以一而再地把这一招使出来。这时父母最好的解决和挽救方法就是不予理睬，让孩子知道哭不能产生作用，不能为他带来他想要的东西；如果不哭，或许还有机会得到。

每个有孩子的家庭恐怕都经历过这样"可怕"的时期：孩子不知从几个月开始，就不断地让父母抱，有时一刻也不肯躺在床上；父母不抱他就不停地哭，一旦自己被抱起来之后，哭声立刻就停止了。很多家庭中都是一对大人被孩子折腾得筋疲力尽的情景。而在美国则恰恰相反，他们的孩子除了饿了、渴了、拉了、尿了，或者身体不适之外，很少为"求抱抱"

而大哭不止。这是因为，他们的孩子从小就被灌输一种意识：哭不能让父母抱起自己，只有不哭的时候才可能被抱。也就是说，美国的父母在确保孩子没有生理需要的时候，不会因为他们哭就随便抱起来哄。所以，在美国，即使是一个家庭主妇带孩子，也不会觉得特别劳累。晚上的时候，她们也多半都能睡一个好觉。

如果孩子处处都以哭来作为要挟手段，那么父母将不堪其扰，孩子的心理发展也会受到影响。所以，最好的做法就是不在"哭"和"妥协"之间做出关联，孩子一旦知道哭是没有用的，就会转而采取别的办法。这时，父母可以引导他讲道理、温和沟通。

假如孩子到了五六岁还是很喜欢哭，父母就有必要向孩子解释，动辄就哭是一种错误的行为，哭是解决不了任何问题的。遇到问题应该立即想办法去解决。例如，遇到问题而自己却不能解决时，可以告诉父母，向父母求助；有任何需要或病痛时，可以直接向父母说明。

父母还可以称赞一些他认识的不爱哭的孩子，并鼓励他向这些孩子学习。偶有不如意却没有哭的时候，就要及时夸奖他有进步了，或者给他一个拥抱、一个亲吻等。

旋旋和天天是一对表兄弟。一个周末，旋旋的妈妈要加班，就将旋旋送到天天家来，请天天的妈妈一起照顾。天天妈妈欣然答应了。两个孩子很快乐地度过了一天。

转眼到了晚上洗澡睡觉的时间，天天妈妈先给旋旋洗。整个过程很顺利，直到有一滴香皂泡沫钻入了旋旋的眼睛里。旋旋虽然很疼，但却丝毫没有不快地说："姑妈，香皂水进入眼睛了，你先帮我冲水吧。"天天妈妈听了，心里不由一惊，这个孩子一点儿都不娇气，换了我们天天，早就哼哼唧唧哭起来了。她决定待会儿趁机教育天天一番。

换天天洗澡的时候，妈妈故意没有那么"小心"，香皂泡沫也钻进了他的眼睛里。天天果然"哇"的一声哭了起来。妈妈故意不去问他怎么了。天天哭了几声，看妈妈不哄他，只好自己捧起了水，把泡沫冲掉了。妈妈这才开口道："天天，刚刚妈妈给表哥洗澡的时候，他的眼睛里也进泡沫了，但你知道他是怎么说的吗？他没有哭，只是赶快告诉我，让我给他冲下水。给他冲干净的速度，比你先哭再冲的速度要快多了。你也长成一个大孩子了，遇到事情不能只会哭，要快点儿想办法解决。懂了吗？"天天听了表哥的做法，不禁有点儿不好意思，说道："妈妈，我以后也不哭了，我要像表哥一样，赶快想办法。"

　　遇事不能第一时间用哭来对待，这是孩子应该学会的基本道理。一个只会哭的人，在别人看来是懦弱的。真正内心强大的人，哭只是迫不得已时的宣泄方式，而不是他对待事情的态度。父母要让孩子的内心强大起来，才能避免他滥用哭泣的缺点。

　　哭是孩子来到这个世界后，学会的第一个与外界沟通的方式，也是他们达到目的的武器。这在一定时期内是可以被接受的，但不能一直被孩子沿用下去。当孩子习惯用哭来解决问题时，父母要多和孩子分享成人的交往方式与解决问题的方法，让孩子的心理快速成熟起来，进而，他对待问题的态度和解决问题的方法也会成熟起来。

第7章

品行塑造，让孩子有一个更富足的内心世界

现代社会充满竞争，而竞争的内容绝不仅仅限于学识，更应注重品行的塑造。高尚的品德、礼貌的言行、尊重他人和自尊自爱的修养、良好的生活习惯等都是孩子不可或缺的好品行。对孩子进行科学的品行塑造，让孩子有一个更富足的内心世界。

✻ 再富不能富孩子：培养孩子的节约意识

什么是"棘轮效应"？用一句古语解释"由俭入奢易，由奢入俭难"。通俗来讲，人们的消费水平升高容易，但是，收入较高的时候形成的消费习惯，很难随着收入的降低而降低了。

为了防止"棘轮效应"在孩子身上发生，父母应该教育孩子保持节俭的习惯。

一对年轻的夫妻带着自己的女儿去逛街。路过一个十字路口，有个报亭，爸爸给了女儿5元钱，要她去报亭老爷爷那买10份今天的晚报回来。小姑娘很快就买回来了。爸爸又要求女儿按照原价卖出去，看看能花多长时间。

后来，在父母的帮助下，小姑娘花了几个小时才好不容易卖掉这10份报纸。然后妈妈让孩子问问报亭的老爷爷一份报纸能赚多少钱，老爷爷告诉她，一份报纸只能赚几分钱。小女孩歪着脑袋想了想：如果自己去卖报纸，花几个小时的时间也只能赚几毛钱。孩子忽然理解了爸爸妈妈的良苦用心，知道爸爸妈妈赚钱不容易，主动对爸爸妈妈说："爸爸、妈妈，我以后再不会乱花钱了，挣钱真不容易！"

现在很多家庭都是独生子女，怕孩子受委屈，尤其是经济条件好的家庭，只要孩子想要，父母都会答应，另外每个月还会给孩子不少的零花钱。还有经济条件不好的家庭，父母省吃俭用，但从不会亏待孩子。这样，最终只会导致孩子花钱大手大脚，不懂父母的辛苦，不知道珍惜。除此之外，还会养成孩子的种种恶习。

经济条件的优越并不能给孩子带来真正的幸福生活，如果纵容孩子的浪费、挥霍行为，不加制止，只会毁了孩子的一生。

因此，妈妈要注意培养孩子勤俭节约的意识。那么，应该怎样培养孩子的节俭意识呢？

1. 从小事做起，让孩子养成节约的好习惯

在生活上，节约用水、不浪费食物；学习上，要求孩子爱惜学习用具，不浪费等。

2. 给孩子零花钱的方式要合理

在给孩子零花钱时，首先要掌握定时定量的原则，不能孩子要多少就给多少，也不能什么时候需要就找父母拿，这样会让孩子养成乱花钱的坏习惯。例如可以和孩子有个约定，定期支付。因为孩子年龄越小，计划与控制的能力越差，所以一般建议10岁前的孩子一周给一次，10岁以后的孩子随着年龄的增长，对零花钱的需求数量也会相应地增加，可以酌情半个月、一个月给一次，直至延长到一学期给一次。

此外，也可以在特殊节日比如说孩子过生日的时候适当增加零花钱，并与孩子事先商量好这些钱该怎么花。

3. 培养孩子正确的金钱观

培养孩子正确的用钱观念，要告诉孩子，不管家里有没有钱，家里的钱都是大人付出劳动得到的工资报酬。不要让他有一种错觉：反正家里有的是钱，多花一点对整个家庭经济也不会有太大影响。为此，家长一定要在用钱上懂得建立孩子正确的人生观念，让孩子明白，零用钱不是他自己的钱，更不是父母欠他的，这些只有靠劳动与努力才能获得，世上没有不劳而获的美事。

4. 形成合理的消费观念

花钱买东西不是一种随便的行为，妈妈要教会孩子考虑好了再决定，形成合理的消费观念。让孩子知道，哪些是该花的，哪些是不该花的，哪些是可有可无的，妈妈要帮孩子分辨。让孩子明白，钱可以用来满足自己

的部分愿望，但要学会克制，懂得节约和理性地取舍，"把钱浪费得更有意义些"。

✳ 重视对孩子良好品德的培养

教育是一项艰巨而复杂的任务，培养孩子良好的品德要从点滴抓起，当妈妈的不能推卸责任，一刻也不能放松，一定要持之以恒。这是关系到孩子未来的大事。

在日常生活中，我们经常见到有些孩子撒娇、任性、不懂规矩，个别孩子的言谈举止甚至让人无法忍受。他们对长辈没有礼貌，对小朋友肆意欺负，讲话粗俗蛮横，遇事无理取闹，等等。一个个聪明可爱的孩子为什么会出现这种行为呢？归根结底是妈妈对孩子过分溺爱，却忽视了对孩子良好行为的塑造与培养，导致孩子为所欲为，无法无天。幼时的不良行为还可以得到人们的谅解，觉得孩子小、不懂事，但是若不及时纠正，不良行为就会演化成不良习惯，等长大成人再做出伤害他人、违背社会公德的事情来，那就不是谅解所能解决的了，而是要对自己的行为负责，甚至受到法律的制裁。

一个 4 岁的小女孩蹲在自家的院子里全神贯注地和一只小狗玩耍。她的神情天真可爱，明亮的大眼睛，圆圆的脸蛋，翘翘的小嘴，就像一位纯洁的小天使。可是，当她的小伙伴抓了一把沙土朝小狗扔过去的时候，小女孩站起来，狠狠地往小伙伴的脸上打了一巴掌，那副凶狠的样子让人简直不敢相信。

小伙伴哭了起来："你为什么要打我，我再不和你做好朋友了！"小女孩的妈妈闻声赶快跑过来，看着孩子，非常生气，可又不明白，平时乖巧

的孩子怎么会做出伤害他人的举动呢？

心理专家指出，幼儿时期是一个人品德、个性、良好行为开始形成的重要时期，这个时期的孩子大脑神经活动具有高度的可塑性，容易接收外界的各种刺激并在大脑中留下深刻的痕迹。因此，妈妈从小就要塑造孩子的良好行为，做到先入为主，以便在孩子的头脑中留下好的痕迹。在幼儿时期所形成的一切品质、行为习惯都是非常牢固的，往往会影响孩子的一生，并成为个人行为准则的组成部分。

妈妈该如何培养孩子的良好品德呢？下面的方法可以借鉴：

1. 为孩子的行为把好关

当孩子的不良行为第一次出现时，如果没有得到反对、纠正，而是得到大人的默许甚至赞扬，那么就会有第二次、第三次，连续不断地出现、重复不良行为，就会形成习惯。所以妈妈一定要在孩子第一次出现不良行为时就予以纠正，绝不能心软。从心理角度来讲，当一个人良好行为形成了，他就会成为自动化程序，产生条件反射，就会自觉地去做。因此，良好的行为要从小抓起，从第一次开始。

2. 定格孩子良好品德的标准

培养孩子的良好品德也需要有一把尺子来衡量、判断孩子的行为。这把尺子就是"八荣八耻"，它是做人、是非观念和善恶的标准，也是全国人民共同的道德规范。要教育孩子尊敬长辈，关心父母，礼貌待人；要诚实守信，不讲谎话；要学会做家务事；在学校里要勤奋学习，尊敬师长，友爱同学，热爱集体，乐于助人；在社会上要遵纪守法，爱护公物，自觉遵守交通秩序，积极参加社区公益劳动。

3. 创造良好的家庭环境

家长的习惯、生活作风、品德等，对孩子的个性、行为和品德的形成有很大的影响。孩子是否诚实、文明、谦虚等，无不与家庭的熏陶和妈妈的影响有关。而且，由于家庭的影响具有早期性和长期性的特点，其作用是其他影响所不能代替的。作为妈妈，既要具有现代的教育观念、科学的教育方法、健康的心理、良好的生活方式、平等和谐的亲子关系，还应在言谈、行为、思想、习惯、爱好等方面提供优良的示范。

❉ 好习惯源于培养，而不是强迫

我们期待着孩子的成功，无论将来他从事什么工作。他可以不必成为科学家，可以不必成为学有建树的专家，可以不必成为伟人，但他必须具有良好的习惯。

好习惯使孩子受益终身，但好习惯是培养出来的，而不是强迫出来的。

托尔斯泰一生有 13 个儿女，他非常重视对孩子良好习惯的培养。于是他经常亲自教育自己的孩子，但他绝不逼迫孩子们做他们不愿意做的事，并能够及时发现孩子的良好行为与兴趣爱好，给予孩子们正确引导。

托尔斯泰对孩子良好习惯的培养绝不用枯燥的说教或严厉的惩罚，只需朝孩子们望一眼，他们就会意识到自己做得正确还是不正确。对父亲是不能说谎的，在无比尖锐的目光炙烤下，任何东西都会暴露无遗，这是托尔斯泰教育孩子的最深体会。他的这种做法培养了孩子们善良、正直、诚实、坦白的良好品质。托尔斯泰还在寓教于乐中教孩子懂得谦让，学会爱人，严于律己，宽以待人。当孩子们出现过激的言行时，他总是以温和委婉的态度去订正。

托尔斯泰一生用他自己的方式对孩子进行教育，是值得我们现在的妈妈学习的。

孩子好习惯的养成，主要决定于父母的教育和引导。家庭作为组成社会的细胞、孩子成才教育的第一课堂，是培养孩子良好情感和理想的温室。

家庭对孩子习惯的培养有着社会和学校不可替代的作用与特殊的优势。

在我们的生活中，有些妈妈总喜欢命令孩子去做事，当孩子不愿意做时，就强迫他去做，这样做是在显示大人的权力，标榜大人的身份、年龄与体力，弱小的孩子当然抗争不过。但是我们仔细想想，我们有必要用权力来胁迫孩子去形成某种良好的习惯吗？为什么不换一种方式来引导和影响孩子，使他养成良好习惯呢？如果只是一味地对孩子强迫的话，不但没有起到任何效果，还会适得其反，引发他的对抗心理，妈妈要他往东，他偏往西，妈妈要他做这，他偏做那，就是不愿听从大人的摆布。

那么，怎样帮助孩子培养这些好习惯呢？

1. 好习惯要从小培养

孩子年龄小的时候具有很强的可塑性，就像铁水一样，可以浇铸成各式各样的形状。长大了，这滩铁水冷却了，变成一块坚硬的铁，再想改变就很困难了。所以，从小培养孩子的各种良好习惯最容易见效。小时候养成的良好习惯会伴随孩子的一生，对孩子的成长和发展起着决定性的作用。

2. 培养孩子的良好习惯贵在坚持

一个好习惯的养成不是一朝一夕的事，它需要一个长期的形成过程，需要妈妈长期不懈地努力。而且，妈妈要不断克服培养过程中遇到的种种困难。就拿早晨按时起床来说，人都有一定的惰性，尤其孩子的自制力较差，更容易向惰性屈服。此时，妈妈就应该想办法帮孩子克服惰性，让孩子养成早起的良好习惯。

养成孩子的一个良好的习惯，最少需要 21 天。行为心理学研究表明：21 天以上的重复会形成习惯，90 天的重复会形成稳定的习惯。即同一个行为动作，重复 21 天就会变成习惯性的动作；同样道理，任何一个想法，重复 21 天，或者重复验证 21 次，就会变成习惯性想法。

3. 培养良好的习惯要循序渐进

习惯是在不断重复和练习中逐步形成的，任何一种行为，只要不断地重复，就会成为一种习惯，进而影响潜意识，在不知不觉中改变孩子的行为。因此，要培养孩子的一个良好的习惯，不能一味求快，而应有计划地一步一步地实施。更不要奢望同时培养孩子的几个好习惯，应该一个习惯一个习惯地耐心培养。

✱✱ 自尊自爱，孩子成长的必修课

作为孩子，可以不帅气、不漂亮，也可以成绩不优秀，但是一定记住要自尊自爱。

在社会上一些不良风气的影响下，现代孩子的观念也产生了很大的变化，包括对时髦的认同，对衣着打扮、吃喝玩乐的追求，等等。一些不健康的价值观念对孩子的健康成长造成了一定程度的负面影响。

孩子穿着打扮漂亮，才会受人欢迎吗？孩子受人欢迎，才显得自己有面子吗？其实，孩子自尊、自爱、自强才是真正的美，而很多人仍然存在着对自身角色认知的误区。

误区一：孩子要长得好看，才会受人欢迎

无论是妈妈，还是很多孩子都认为，孩子要漂亮、帅气，才会受人欢迎，而他们所谓的漂亮、帅气就是有好看的面孔，穿时髦的衣服，甚至很多时候一些女孩子模仿成人的打扮，浓妆艳抹，以"性感""妖媚"为美。其实美艳的外表、华丽的衣装根本称不上美，现在更流行知性美、气质美。

误区二：孩子要有异性追求才有面子

处于这个阶段的孩子性意识开始觉醒，有一些孩子对情爱表现出跃跃欲试的态度。公车上、商场里，常常可以看到身穿校服、动作亲昵的少男少女的身影，其实这个年龄的人根本不知道真爱为何物，只是看到周围的同学、朋友在谈恋爱，自己没有男女朋友就会感觉很没面子。

随着社会的进步、人们生活水平的提高，人们的物质生活也在提高，也许思想也在快速地进化。虽然现在提倡男女平等了，现在的女孩不用再像以前那样要求笑不露齿，不用再像以前那样裹三寸金莲，现在男孩能做的事女孩也能做到，但作为女孩，自尊还是最重要的，至少应该自爱、自重。

自尊自爱对孩子来说非常重要，所以，作为家长一定要从小把自己的孩子教育成一个自尊自爱的孩子。

1. 教孩子建立正确的审美观

孩子对事物的判断能力尚处于形成阶段，对美的认知难免产生偏差，加上舆论、商家等对日韩等所谓"潮流"的鼓吹和渲染，对尚未形成独立价值观的孩子影响是非常大的。妈妈要教育孩子，一个人的真正魅力是来自人格的魅力，孩子应该建立正确的审美观，只有自尊、自爱、自强的孩子，才能发挥出自己的人格魅力，从而赢得他人的尊重与敬佩。

2. 教孩子建立正确的交友观

两点一线的校园生活难免枯燥，特别是在学习上不容易获得成就感的时候，孩子很容易转而寻找其他的安慰，把握不好便很容易早恋。所以，妈妈要告诉孩子，真正伟大的友谊是互相帮助，互相促进，共同进步。因此，在与异性交往的问题上，孩子需要有正确的交友观，要用正常的心态与异性交往，避免过早陷入情感纠葛中，影响身心的健康发展。

❈ 注重礼仪，造就文明礼貌的好孩子

从外表上看，文明礼貌是一种表现或交际形式；从本质上看，文明礼貌反映着我们自己对他人的意志关爱之情。所以，真正的文明礼貌必然源自内心。

一个有教养的孩子必须有良好的文明礼貌，这样的孩子比较受人欢迎，也就是心理学上所说的"被众人接纳的程度高"。只有从小培养文明礼貌，才能形成良好的习惯。

一位妈妈历尽艰辛把女儿培养成学习上的佼佼者，唯一不足的是，女儿从小就不懂礼节。但是，这并不妨碍妈妈为她自豪。女儿从小就是个学习尖子，不仅考上了上海一所高校，而且在学校里自己补习英语，计划去国外留学。大学毕业的时候，女儿顺利地通过了托福考试和 GMAT 考试。

就在面试合格，各项手续也即将办妥，只等签证就可以实现留学梦想的时候，一场意外发生了！

那天，妈妈陪着女儿去办理签证，女儿激动极了，鼻尖上、手心里都出了汗。当听到叫到自己的名字的时候，女儿高兴地站起来，在站起来的同时，她不自觉地把擦汗的一团纸巾扔到了墙角里。这个细小的动作被细心的秘书小姐看到了。秘书小姐走进办公室，在一位官员模样的人耳边轻语了几句。

当这个孩子走进办公室的时候，那位官员对她说："对不起，我们很遗憾地通知您，您的能力和成绩虽然都非常优秀，但是，综合素质方面还有些欠缺，我们不能给您办签证。"

"综合素质？"这个孩子显然有些意外。

那位官员说："是的，我们认为，一个人的成绩和能力固然很重要，但是，综合素质更加重要，它能体现一个人的品质。因此，我们非常注重这项考核，事实上，许多人都是因为综合素质考核通不过而得不到签证的。"

孩子满脸羞红地出来了，而妈妈这时已经明白，女儿之所以没有得到签证，是因为她刚才的不文明行为。

讲文明、懂礼貌是处理人与人之间关系不可缺少的规范。人与人之间互相观察和了解，一般都是从礼仪开始的。一个举止优雅、礼貌待人的人，更容易交到朋友、找到工作。

有些妈妈思维有些偏颇，认为在这个自由开放的社会只要孩子学习好就行了，懂不懂文明礼貌没关系；还有些妈妈认为，小孩子天真无邪，长大了自然就懂礼貌了，这都是错误的想法。一方面，习惯一旦形成，就很难改正过来，文明礼貌要从小培养才行；另一方面，越是懂礼貌的孩子，越受欢迎，越能获得更大的发展空间。可见，文明礼貌始终是孩子应该养成的好习惯。

作为妈妈，应该怎样教孩子讲礼貌呢？

1. 教孩子使用礼貌用语

礼貌用语是体现孩子懂礼貌的最直接的方式。见了长辈，主动打招呼；接受别人的帮助要说"谢谢"，妨碍到别人要道歉说"对不起"，等等。这些简单的行为都会让孩子学会礼貌待人。

2. 教会孩子待客和做客

当有客人来家里做客时，妈妈要教孩子说"欢迎您，请进"，帮客人拿拖鞋，给客人倒水、端水果。客人走时，说"再见""欢迎再来"。客人也会夸孩子懂礼貌的。

而去别人家做客更要让孩子懂礼貌。在去做客之前，我们就应该告诉孩子，到了别人家不可以像在家里那样随便走动，更不可以乱动人家的东西，要听从主人的安排。在临走的时候，妈妈还要记得告诉孩子对主人的款待表示感谢，并且礼貌地邀请主人有时间到自己的家里来做客。

只要妈妈细心教导，孩子一定能变成懂礼貌的小主人或者小客人，在多次待客和做客之后，也一定能够养成礼貌待人的好习惯。

3. 及时纠正孩子的不礼貌行为

由于孩子年龄小，不懂事，经常会因为好奇做出一些不礼貌的事情，比如给同学起绰号，叫别人"傻瓜""笨蛋"，他觉得这样很有意思，可是却伤害了别人的自尊。妈妈要及时纠正孩子的这种行为，让孩子明白这是一种极不礼貌的、可耻的行为。

现在，各种传媒手段非常发达，孩子很有可能从某个地方学会一些不好的语言或者行为，所以，妈妈要时刻提高警惕，及时发现孩子的这些不礼貌的言行并予以纠正，帮助孩子养成礼貌待人的好习惯。

✼✼ 有责任心的孩子，更具魅力

良好的责任心是一个人积极的表现，也是一个人立足于社会，获得事业成功与家庭幸福的一种至关重要的人格品质。一位成功的人士曾经说过：一个人必须有责任感，不管你做什么，都要把它做好，你不知道在今后它将对你有什么样的帮助。其实每个人都可以成为成功者，只要他有责任心。

每次读完书或玩完玩具，小超总是乱丢一气，妈妈跟在后面一边收拾，一边唠叨"自己的东西，自己怎么不知道收拾呢"。实在受不了妈妈的唠叨，小超决定自己收拾书柜和玩具箱。忙活了一个上午，他的房间整齐了很多，书和玩具也都整理好放了起来。可是，想到下午要和小伙伴玩汽车比赛，于是把玩具箱里的东西翻了个底朝天，才找着想要的遥控汽车。看着儿子把房间弄得更乱了，妈妈埋怨道："你把图书都混放在书柜里，大大小小的拼图和积木、遥控车一起倒进玩具箱，当然不好找。唉！还是我来吧……"第二天，小超又开始乱扔图书、玩具，也不再整理了。

责任心是一种很重要的素质，是做一个出色的人所必须具备的品质。然而现在很多孩子，他们在家娇生惯养，衣来伸手，饭来张口，根本就不知道什么是责任，他们觉得只要乖乖地听话就行了。因此，随着孩子一天天长大，他们离自己在家里和社会中所应承担的责任也越来越远。为此，很多家长开始抱怨孩子不懂事。其实孩子的责任心是需要从小培养的，父母有必要让其从小学会承担责任。

一位妈妈问 5 岁的女儿："如果在未来的一天，太阳向人类发射出一种有害的毒光，凡是被这种光照射的人都会死去，但有一个人，他拥有一支马良那样的神笔，可以画一把防止毒光照射的保护伞，可是画伞的人是非常危险的，那么由谁去画这把伞最合适呢？"

于是女儿开始一一列举最佳人选：爸爸、妈妈、爷爷、奶奶……唯独没有列自己。

女儿说完后，妈妈说："我想，在面临危险时，我最应该去画这把伞。我要尽全力去保护我的家人，因为他们都是我最亲最爱的人，我有责任不让他们受到任何伤害。"女儿听完后对妈妈说："我要和妈妈一起画。"

这位妈妈通过恰当、巧妙的引导，让女儿知道做人要有责任心，因此，她对女儿的教育是成功的。

一个人自身的发展、与他人之间的交往和对社会的贡献，都来自明确的、认真履行的责任。人的道德规范、遵纪守法也离不开责任心。如果没有责任心，这一切都将无从谈起。一个没有责任心的人，必然与社会的要求相背离，也终会被社会遗弃。

现在的很多妈妈不注重培养孩子的责任心，大事小事都替他包办，希望为他节省出更多的时间去学习。责任心是孩子做人、成人必备的条件，有了责任心，孩子才能认真去做事，并且对事情负责任。所以，要培养孩子的责任心，必须让他从小就对自己的行为负责。

作为妈妈，究竟该如何培养孩子的责任心呢？

1. 让孩子做自己生活的主人

在家中，妈妈不应该总把孩子当小孩看待，家中的许多事都要听取孩子的意见，让他们体验到一种家庭生活的参与感。如此，将会使孩子乐于帮助父母，进而培养起他们的责任感。

2. 让孩子饲养小动物，种点花草

日本有专家建议：应让孩子饲养小动物、种点花草，让孩子在喂养小动物，给花草浇水、施肥的过程中，一点一滴地培养他们的耐心与责任心，并将这种感情迁移到对待其他的人和事物上。事实证明，这种教育方法有利于培养孩子的责任心，能够促使孩子形成健康的人格。

3. 言传身教

告诉孩子什么该做，什么不该做，该做的怎样做，做了不该做的又将受到哪些惩罚。孩子做事通常是对其感兴趣，要让孩子对喜欢做的事负责到底，必须明确告诉他做事的要求，并且与惩罚联系起来，让他知道一个人是要对自己的行为负责的。同时妈妈要做到热爱工作，爱家庭，有事业心，有责任心，因为妈妈是孩子的第一位启蒙老师。

4. 让孩子知道自己行为的后果

只有让孩子懂得自己的行为将会产生什么后果，他才会对自己的行为负责。当孩子遇到麻烦的时候，告诉他："是你自己选择的，需要你自己来解决。"而不要说："对不起，都怪妈妈没有帮你。"不过是一句话，却反映了两种不同的观点。如果总是帮孩子推卸责任，孩子就会以为自己不需要承担责任，这对他以后的人生是非常不利的。

善于自我管理，做有涵养的孩子

"学如逆水行舟，不进则退；心似平原驰马，易放难收。"如果一个人不重视对自己的管理，攫取成功只能成为一场白日梦。

一个人能不能管理自己是十分重要的，帕瑞克博士曾经说过："除非你能管理'自我'，否则你不能管理任何人或任何东西。"我们现在的教育，无论是学校教育，还是家庭教育，总是教孩子怎样去管理他人和事物，却很少教育孩子如何去管理自己。自我管理在管理界十分受重视，而对于孩子来说，自我管理也是非常重要的。孩子在步入社会之前，必须学会管理自己。

一个小女孩总是控制不住自己的情绪，一生气就乱发脾气，妈妈给了她一袋钉子，并且告诉她，每当她控制不住要发脾气的时候，就在院里的木桩上钉一根钉子。

第一天，小女孩在木桩上钉了 20 多根钉子，连她自己都感到诧异竟然脾气那么坏，以后她尽量控制自己的脾气，渐渐地，所钉钉子的数量减少了。小女孩发现控制自己的情绪远比钉一根钉子容易得多了。终于有一天，小女孩学会了控制自己的脾气，她把这些告诉了妈妈。

妈妈告诉她，从现在开始，每当她自己能够控制乱发脾气时，就拔出一根钉子来。

小女孩每一次想发脾气的时候都及时地控制住了，日子一天天地过去了，最后小女孩告诉她的妈妈，所有的钉子都被她给拔出来了。

妈妈在院子里拉着女孩的手，面对着那个被钉子钉过的木桩说："你做得非常好，我的孩子，但是你看看木桩上那些洞，虽然钉子全部拔掉了，但是洞永远都在，永远不能恢复到从前的样子。就像你生气时说的那些话，即使道过歉了，但留在别人心里的伤痕永远都在。"

遇到不如意或难以处理的事情时，孩子就会产生不良情绪，不是喜怒无常，就是做事容易冲动。这时他不知道如何管理自己的心态，释放自己的情绪。

管理自己不仅仅是管理自己的情绪，它的含义非常广泛，包括让孩子独立处理自己的事情、班级的事情，甚至是师生关系、同学关系、人生选择等。随着孩子逐渐长大，能力逐渐地提高，活动范围逐渐地扩大，他们会意识到需要做好自我管理，也就是管理好自己。可是，太多的孩子缺少管理自己的经验，缺乏自我约束的意识，所以在自我管理上表现得一塌糊涂。有关研究表明，中国孩子的问题不是智力问题而是管理的问题。绝大多数的孩子没有自我管理的能力，一旦离开家长，他们就不能很好地管理自己。

如果妈妈从小就培养孩子自己的生活自己安排、自己的言行自己约束的自我管理习惯，就能增强孩子做事的目的性和计划性；如果妈妈能什么事都不替孩子做选择，而是把决策权交给孩子，那么孩子今后的生活必然是幸福的，事业必然是成功的。

对于正在接受教育的孩子来说，我们不能盲目地加以控制，以为"管"着孩子是父母的天职，而应该给孩子管理自己的机会。为此，妈妈应当从以下几个方面教导孩子做自我管理：

1. 让孩子管理自己的生活

很多妈妈对孩子关爱有加，孩子的一切事情全给处理得妥妥帖帖，从而剥夺了孩子管理自己的权利。做妈妈的应该多让孩子去实践，在实践中积累经验，培养自我管理的能力。平时孩子玩完的玩具要让他放进箱子里，写完作业后自己收拾书包，等等。时间长了，他就学会了约束、控制自己，从而形成良好的自我管理习惯。

2. 让孩子管理自己的情绪

人是情绪化的动物，有很多情绪，孩子也不例外。面对问题时，妈妈要教孩子保持冷静，平和自己的心态，然后再想如何解决问题。只有让孩子控制好自己的情绪，他才能真正地把握住自己，因为情绪可以控制一个人的思想、行为，使之做出不理智的事情来。很多时候，人们都会因此而造成或多或少的损失。

3. 让孩子管理自己的行为

一个孩子倘若不能很好地控制自己，就会做事冲动、盲目，不会做好任何事情。让孩子学会控制自己的行为，妈妈要告诉孩子什么可以做，什么不可以做。有了这个标准，孩子才能够适时控制自己的行为。比如，对人说话、做事要有礼貌；去别人家要先敲门；未经别人允许不能随便拿别人的东西；等等，这都有利于孩子自我约束意识的形成和自我管理能力的提高。

羞耻心，孩子洁身自好的细节

如果孩子不知耻，那么他做任何事情都会不计后果，甚至会做一些违背良知的事情，可能会毁掉他的一生。所以，从孩子小时候开始，妈妈就要培养他的知耻心。只要孩子有知耻心，就会有正确的荣辱观，就会自爱、自重，就会更好地维护自己的人格和尊严，而不会做出触犯法律、违背道德的事情。

人类最初的羞耻感的形成，就是从穿衣蔽体开始的。最初，人类没有衣服，便用树叶和动物的皮毛当衣服，不仅仅是为了保暖，更是为了遮羞。

自古以来，无论男女，对穿着都非常注重。比如，女子不能衣不遮体，要庄重大方，才能表现出对自己和他人的尊重；男子要“三紧”，即头紧、腰紧、脚紧，唯有帽带、腰带、鞋带都扎紧了，才能振作精神。

而今，紧、透、露几乎成了一种流行和时尚，女孩子穿着小抹胸、超短裙，男孩子戴着墨镜、穿着紧身裤，而有些父母也渐渐不把这种穿着认为是羞耻的。那么，结果会变成什么样子呢？

薇薇自从上了五年级，就变得越来越爱打扮了，买衣服经常是她自己说了算，如果妈妈给她买的不喜欢，她就不穿。

夏天的时候，她就让妈妈给她买小吊带、超短裙、露背连衣裙；冬天的时候，她就让妈妈给她买小皮衣、短裙配羊毛裤、皮靴子。妈妈每次都会满足薇薇的要求，觉得穿这些没什么，但凡是漂亮、时尚的小姑娘，哪个不穿吊带、短裙、皮衣、靴子啊！

这种时尚的打扮给薇薇带来了超高的回头率，她很快就在学校出了名，很多男生都喜欢尾随她上学、放学，有的男生还主动对她展开了追求。对此，薇薇觉得非常自豪，而且越来越注重自己的穿着而不努力学习了。

当女孩子只注重自己的穿着，并把外表看成吸引他人关注的手段时，她就会走上追求物欲的道路，就会迷失真正的人生追求。更严重的是，女孩子穿着暴露，会被不良分子视为"容易侵犯"的目标，进而受到猥亵或性侵犯。

因此，我们一定要帮助孩子在穿着方面树立正确的观念，从最基本的地方开始培养他的知耻心。那么，我们具体应该如何去做呢？

首先，转移孩子不正确的审美观。

在一些媒体和潮流的影响下，露脐装、超短裙、紧身衣、墨镜等成了很多孩子追求时尚、个性的标志。对于缺乏明辨美丑、善恶能力的孩子来说，很容易产生不正确的审美观。

对此，我们要告诉孩子：美丽不是靠暴露、奇形怪状的衣服衬托出来的，只有衣着得体、整洁，心灵美，才会散发出美丽的气息。同时，我们也要让孩子明白，穿着也有羞耻感，对于紧、透、露的衣服，不仅现在不能穿，以后也不能穿，只有自己知耻、懂得自爱自尊，才能赢得他人的尊重，才不会受到伤害。

其次，指导孩子正确穿衣。

从孩子小时候开始，我们就要注意他的穿着，要让他只为"保暖、御寒、遮羞"，不为"时尚、个性"而穿。等孩子长大之后，我们就要指导他正确穿衣，让他明白：穿衣最重要的是得体、整洁、舒适，而且，这也会对其身体健康有好处。

最后，我们也要告诉孩子：不同的场合可以有不同的穿着打扮。比如，上学时，一般就穿校服；平日里，可以根据个人的喜好，选择适合自己的衣服；如果要跟父母参加一些聚会，就可以稍微打扮一下，这也是对他人的一种尊重。

当然，我们做父母的，穿衣打扮更是要注意端庄，不可轻浮、随便，要给孩子做个好榜样。

❋❋ 告别谎言，做个诚实的孩子

现在有些孩子张嘴就是谎话，有时候被发现了，一再追问也不承认，不少妈妈都为此伤透了脑筋。孩子这种行为与家长及周围的人的行为方式也存在很大的关系，要知道孩子是很会模仿大人的。

　　小军今年读二年级，以前一直都比较听话，学习也不错。不过，从这个学期开始，妈妈发现小军的玩心似乎越来越重。每天放学一回到家，不是看动画片，就是玩电子游戏。问他写作业了没有，不是说老师没有布置作业，就是说老师布置的作业少，他在学校就做完了。妈妈虽然对小军的回答有疑虑，但因为工作比较忙，也就没有找老师核实。

　　直到前两天，小军的老师给家里打来电话，妈妈这才知道了事情的真相：原来小军一直都在撒谎，其实老师每天都布置了家庭作业，但小军却已经连续好几天没有交作业了。而且，小军在学校的表现和学习都不如前一段时间好。

　　得知事情的真相之后，妈妈气不打一处来。小小年纪竟然学会撒谎了！于是妈妈狠狠地批评了小军一顿，但没想到儿子却很倔强，一副不服气的样子。后来，妈妈又发现小军撒过好几次谎。小军的妈妈不明白儿子为什么要撒谎，虽然每次都苦口婆心地对他进行教育，可他为什么就是屡教不改呢？

　　这让小军的妈妈很是着急，除了担心孩子的学习外，更担心的是孩子因为说谎而变坏了。

　　和案例中的小军一样，在生活中，孩子因为各种情况而撒谎的现象非常常见，孩子撒谎大多是为了逃避惩罚或者是达到某种目的，比如例子中的小军为了逃避做作业而撒谎。当然，这个年龄段的孩子心理承受能力都比较弱，也不排除对学习有畏难情绪，担心作业不会做或做错了而引来妈妈的责备，因此撒了谎。孩子说谎是妈妈非常头痛的事，就如小军的妈妈一样，有很多妈妈都曾经为孩子撒谎而苦恼过。

　　英国的哲学家罗素曾说："孩子不诚实几乎总是恐惧的结果。"美国著名儿童心理学家基诺特在分析儿童说谎的原因时，也提道："说谎是儿童因为害怕说实话挨骂而寻求的避难所。"很多孩子为了避免打骂、批评，都会想出各种理由来推卸自己的责任或掩盖自己的错误，因此而撒谎。特别是已经有过做错事而被训斥、惩罚经验的孩子，为了避免惩罚，更会捏造谎话来掩饰错误。这种谎言在孩子身上最为常见。

撒谎是一种很深层的心理活动，孩子一旦养成这种习惯，就非常难以改正。因此，我们一定要想办法纠正他们爱撒谎的坏习惯。妈妈可以参考一下几点来纠正孩子爱撒谎的坏习惯：

1. 给孩子一个没有恐惧的环境

孩子犯错是在所难免的，但作为家长，我们要创造一个民主、和谐的家庭氛围，多站在孩子的角度想一想，多关注孩子内心的需求，尊重孩子的意愿。如果孩子与自己的父母关系非常融洽，如果自己合理的要求可以得到满足，自然会说出自己的心里话，也就没有必要在父母面前撒谎了。

2. 避免给孩子贴上"说谎"的标签

我们不能因为孩子一次撒谎，就认定孩子永远撒谎，给孩子贴上"谎话专家""吹牛大王"等标签。这样做，很容易让孩子"破罐子破摔"，形成恶性循环，真正变成一个"谎言专家"。

3. 妈妈要端正自己的言行

"有怎样的父母，往往会有怎样的儿女。"孩子是善于模仿的。如果他们发现自己的妈妈常常说谎和不遵守诺言，久而久之，孩子无形中就从妈妈那里学会了说谎。因此，要克服孩子说谎的毛病，我们首先要检查自己的行为方式。

星星的妈妈经常教育星星不要撒谎，要做一个诚实的孩子。一天晚饭后，爸爸在卫生间洗澡，妈妈在厨房洗刷碗筷，而星星正悠闲地坐在沙发上看电视。这时，电话响了，妈妈让星星赶紧接电话，听对方说是找爸爸的，于是星星大声对妈妈说："是找爸爸的！"妈妈怕爸爸一旦出去一时半会儿又回不来，于是走出厨房拿起电话，对着听筒说："你好，孩子的爸爸不在家。"

像星星妈妈这种"两面派"的做法，如何能教育好孩子？虽然星星妈妈不希望星星爸爸晚上再出去了，但也不能当着孩子的面说谎。星星妈妈可以对打电话的那个人说：“他现在正好有点儿事情，不方便接电话，等一下叫他回您电话好吗？”这样，既讲了真话，也给孩子树立了一个讲真话的榜样。

孩子的模仿力是很强的，我们说一句谎话，自己可能认为算不了什么，但这可能就会成为孩子撒谎的样板。因此，我们一定要以身作则，做好孩子的表率，不让自己成为孩子撒谎的模仿对象。

✻ 尊重孩子的热情，培养孩子的细心

开心是个很热心的孩子，她从小就喜欢帮大人做一些力所能及的事情。这本是好事，但由于她做事比较粗心，常常帮倒忙。

有一天，开心见妈妈在做饭，也想来帮忙，为了满足她的心愿，妈妈便指挥她给打下手递东西。

做醋熘白菜的时候，妈妈对她说：“快点，帮妈妈拿醋来。”

她很快把瓶子递给了妈妈，当时很忙，妈妈也没太注意看，就加到菜里去了。

过了一会儿，菜做熟了，开心和爸爸高兴地上桌吃饭了，可是她尝了一口白菜后，立马吐了出来：“哎呀，真咸！”

妈妈纳闷儿：“怎么会呢？”但看着白菜黑乎乎的样子她恍然大悟，这小家伙递给我的是酱油瓶。

要细数，开心给妈妈帮倒忙的事还真不少。孩子粗心，我们大人也觉得毫无大碍，就没有过多关注了。

生活中，能够完全做到不粗心的人是不存在的。成人还有丢三落四的时候，孩子马虎一点儿也没必要大惊小怪。只是，弄清楚孩子粗心的原因，

也就能更好地引导孩子变细心了。据分析，造成孩子粗心的原因有以下几点：

1. 孩子做事无条理性

例如孩子在写作业时，不会整理自己的学习用品，不好好摆放书籍、本子，对橡皮擦形成了依赖性，觉得写错了也没关系；或是不喜欢整理自己的房间，衣服胡乱扔，等等。这样的孩子学习起来，肯定会粗心。要改变孩子粗心的毛病，妈妈首先要注意培养孩子良好的生活习惯。

2. 性格因素

有些孩子的性格是天生的，比如天生好动的孩子犯错误的机会就多一些，而天生内向的孩子做事就会比较沉稳、细心，出错较少。很多妈妈抱怨，我的孩子就是粗心和好动，做事不专心，其实这与孩子的性格有关，要靠后天的努力来纠正。

3. 学习能力不足

很多孩子的智力很正常，但是学习能力却不强。"人聪明，成绩就好"，这是一种错误的看法，很多孩子很聪明，但学习成绩很差，这主要是注意力不集中、粗心、理解能力不强导致的，使成绩难以提升。

根据研究，在大多数情况下，对待孩子粗心的问题只靠"提高觉悟""增强警惕性"往往是解决不了问题的。那怎样才能让孩子变细心呢？

1. 培养孩子良好的生活习惯

习惯不好的孩子，生活也会搞得一团糟。用过的东西不归位，随意丢放，到用时找不到，让自己心烦意乱；不归置自己的物品，学习用具、书本、零食杂乱地放在一起，乱糟糟

的……该睡觉的时候不睡，该早起的时候又磨磨蹭蹭起不来，精神不好，难免在学习上马虎。诸如此类的生活习惯就很容易导致孩子犯粗心的错误。

2. 妈妈应该以身作则，做好表率

妈妈要以身作则，按时休息，家里的东西要摆放整齐，保持室内整洁，让孩子感受这样的家庭氛围。这样，受家庭氛围的熏陶，生活上养成细心的习惯，在学习上也会认真起来。

3. 少斥责，创造和谐宽松的环境

对孩子的管教不要走极端，不能体罚孩子，也不能置之不理。妈妈还要以身作则，要求孩子做到的，自己也要做到。妈妈还可以用自己的经验、教训，教导孩子，提醒孩子少走弯路。

妈妈的阅历虽然比孩子丰富很多，但万万不能以自己的经验“独断专行”，这样往往不能取得理想的效果。为孩子创造和谐、民主、平等的家庭环境，才更有利于孩子的身心发展。

保持宽容之心，用心包容世界

我国古代著名教育学家孔子说过：“躬自厚而薄责于人，则远怨矣。”明知是对方无礼或做错了，却不争不斗，反而主动认输，宁可自己吃点儿亏，也不让别人受到损失。这种行为，就是我们常说的“宽容”。

然而，很少有孩子能够做到这一点。孩子好斗，即使真理在手，也要将对方“置于死地”。孩子的刻薄、尖酸，都是影响他健康成长的路障。这可绝不是什么危言耸听，让我们看一个这样的例子吧。

在同学的眼里，王丹就是一个“大侠”。六年级的他，总是一身正气，见到高年级同学欺负低年级同学，总是第一个站出打抱不平。因为他从小就学过武术，所以那些欺负人的同学也不敢和他作对。

尽管王丹的正义让大家很欣赏，可是他也有一个很突出的毛病：绝不肯善罢甘休。好几次，他阻止了坏孩子的行为后，却依旧不肯停手，而是采取暴力方式将对方打得不敢起身。

这件事让妈妈知道了，于是妈妈就批评了他。不过，王丹却很不服气，说："这是那人应得的，谁让他欺负同学！我也要让他尝尝苦头！"

妈妈知道，孩子的出发点没错，所以也不知道怎么批评他，只能没完没了地给他讲道理。妈妈的絮叨，让王丹感觉烦躁无比，于是总是躲着妈妈。他不明白，自己究竟做错了什么。他更不明白，为什么自己的妈妈，却要像个外人一样，总是对自己长篇大论，而不是理解自己。

但是，让王丹怎么也想不到的是，虽然同学都很敬佩他，可是又很少有人愿意和他亲近。甚至无论走到哪里，都有同学指指点点。王丹非常苦闷，不禁在心里说道："这究竟是怎么回事！"

王丹的妈妈知道孩子的行为不对，但是在心里，她也许还抱有一丝幻想：孩子毕竟是为了正义，这是件好事，我还是尽量别干涉他吧！但是，他的同学们却不一定有这样的想法，因为谁也不能保证，下一个被揍的人是不是自己！

不可否认，孩子惩恶扬善，把正义当作人生的追求，这的确是难能可贵的精神，可是我们也不能因此就纵容他，让他养成以暴制暴的习惯。不仅是对于正义，即使对于真理，这种咄咄逼人、要把对方置于死地的心态也是要不得的。一来，孩子会总处于急躁的情绪之中；二来，因为他的急躁，其他孩子就会感到恐惧，所以自然而然地对他疏远。

所以，妈妈必须让他懂得"即使真理在手，也要得饶人处且饶人"的道理，让孩子学会选择宽容，而不是斤斤计较地面对他人。

对孩子来说，宽容其实并不仅仅是种待人的准则，还是一种保护心理健康的习惯，因为宽容更有利于一个人的健康。现代科学表明，当人们想要报复别人时，血压会有明显上升的趋势，而在宽容他人的时候，血压则会显著下降。

认识到这一点，妈妈更要在日常生活中将宽容这一理念灌输到孩子心中。当孩子对某个行为有了足够的认识，那么他的选择自然不会出现偏差。因此，妈妈应该做到以下几点：

1. 切忌用世俗的眼光影响孩子

在和孩子相处的过程中，妈妈要尽量避免对别人进行议论。因为这样会让孩子受到影响，从而对别人过于挑剔。等孩子长大后，这种挑剔的行为方式，还会影响到他看待别人的眼光。

妈妈正确的做法，应当是尽可能地表扬其他小朋友的优点，并让孩子明白，每个人都是有优点的，我们应该更多地看到别人的优点，而不要一味指责别人的缺点。

2. 引导孩子懂得站在他人的角度看问题

很多孩子往往自我意识强烈，只会从自身出发，从不考虑他人。长此以往，孩子的宽容性格必将无从谈起。所以，妈妈要让孩子学会从他人的角度看待问题，将自己置于别人的位置，设身处地地为别人着想。

3. 妈妈要以身作则

身为妈妈，在培养孩子某种品格的同时，也要先从自身做起。比如，要想让孩子具备宽容的品质，自己也要做一个宽容的父母。在一些问题上，如果觉得孩子做得不够理想，这时候不要劈头盖脸去责骂孩子，而应该先问问自己，假如自己处在这种情况下，会如何去想，如何去做，然后再来考虑："我该怎么做，能让孩子心中的感觉好一些呢？"这样，孩子就会从父母的行为中看到问题的另一面，从而养成宽容的品格。

同时，在日常生活中，父母鼓励孩子去参加多元化活动，接触不同种族、宗教、文化、性别、能力和信仰的人，这会让孩子学会和不同的人互相尊重，坦诚相待。

心胸狭窄的孩子，是无法收获真正友谊的，哪怕他的初衷是"除恶扬善"；不懂宽容的孩子，他的心灵是扭曲的，因为他总被莫名的愤怒所困扰。所以，为了让孩子有个好的心理素质，妈妈就应当引导他"得饶人处且饶人"！

第8章

解决孩子学习中的心理问题

苦口婆心地向孩子灌输学习的重要性，但孩子就是不爱学习；孩子上课时不是做小动作，就是窃窃私语；一回到家就看电视，一写作业就坐立不安……之所以出现这些问题，都是因为孩子不清楚学习的目的。所以，我们要真正了解孩子内心想什么，才能帮助他们端正学习态度，让孩子爱上学习、主动学习。

✳ 心灵引导：爱上学校，不再厌学

孩子厌学是由多方面因素造成的，妈妈不能简单粗暴地对待。置之不管，或者一味地打骂、责备都无济于事，那样只会让孩子的抵触情绪越来越强。所以，妈妈应该找出孩子厌学的真正原因，然后对症下药，帮孩子找回对学习的热情。

这天，在下班的路上，两位妈妈聊到了孩子的教育问题。

"王姐，最近怎么了，是不是有什么心事？有什么事，我们能帮忙的，就说出来，大家都是同事。"

"不瞒你说，是我女儿小敏，我现在几乎每天下班后的工作，就是把她从娱乐场所拉回来。这孩子自从上了六年级以后，就跟变了一个人似的，以前很爱学习，人家问她以后的理想是什么，她都说是考大学，现在不知道她在想什么，和以前判若两人。"

"现在的女孩儿啊，一旦到了十一二岁，是很容易产生一些问题的，尤其是厌学，还有抵触情绪呢。其实，学习越来越紧张，她们也有很大的压力。"

"我知道，可是小敏根本不愿意学习，哎，真不知道这孩子怎么办。"

像小敏一样，学生不爱学习的现象并不少见，但随着社会竞争的日益激烈，每个孩子都必须掌握知识。正是因为如此，不少孩子由天真无邪的童年开始进入背负压力的学生期，久而久之，他们似乎已经不再是为自己读书，而是为父母。除了每天紧张的学习外，他们还要面临残酷的学习竞争，一场场考试、一次次排名，又一场场的考试，把他们压得喘不过气来，久而久之，他们开始产生厌学的情绪。其实，缓解孩子的学习压力是个社会性问题，需要全社会的共同努力，但是做家长的负有最直接的责任。为了孩子的健康成长，每一个家长都要格外精心和努力。作为妈妈，我们要从以下几方面努力：

1. 要下大气力解决孩子的学习动机问题

学习动机是孩子学习的根本动力，只有随着年龄的增长，不断地明确认识到学习目的中社会性意义的内容，孩子的学习才会有持久的动力。

一些家长爱用"将来没饭吃""不读书一辈子干苦力"等话数落孩子，既没有给孩子讲道理，又没有直接激发孩子的具体实例，往往不起任何作用。

其实，兴趣才是最好的老师，孩子的学习也是如此，只有让孩子真的爱上学习，他们才能化压力为动力，因此妈妈要注意经常鼓励孩子，激发他的兴趣，并潜移默化地向他灌输社会性理想，帮助他将目光投向社会、世界和未来。

2. 找到孩子不喜欢学习的原因，对症下药

妈妈首先要和孩子自由沟通，以温和的态度与孩子探讨为什么不喜欢学习。妈妈了解他的问题所在，就要为他解决。对于因学习困难而对学习不感兴趣的孩子，家长要耐心地帮助孩子找到困难的原因，帮助他掌握科学的学习方法。

3. 切实帮助孩子解决学习上的问题

很多父母关心孩子的学习情况，只是把眼光放在孩子的成绩上，而没有认识到孩子有时候也需要家长在学习上的辅导与帮助，有的孩子因为某一个问题没弄明白，一步没跟上，步步跟不上，渐渐失去了学习的信心和兴趣。所以家长要真正关心孩子，就要注意他是否跟上学习进度。有条件的，每周都要和孩子一起总结一次，发现哪里出现了问题就要及时补上，有的时候，还要请专门的老师给予专题辅导。孩子在学习上的困难得以解

决，学习兴趣必然能够得到提高。

而对于学习压力过大，已经明显表现出病态心理和行为的孩子，要积极求助于心理咨询和治疗机构，在专业人员的指导下对孩子予以科学的辅导，逐步帮助孩子及时得到积极矫治。

✳ 短板现象：偏科还需"偏方"治

"偏科"是孩子在学习过程中不可避免的现象，偏科现象出现的高峰期在初中，与学生特定的心理、生理以及课程的加重有关。

李进是个听话的男孩，但唯一让李妈妈烦恼的就是儿子的学习。李进是班上有名的偏科生，数学、语文都很好，但英语是他的薄弱环节，每次考试，都会拖他的后腿。实际上，李进学习很努力，有时候，李妈妈看着都很心疼，面临中考，他经常加班加点，背单词、做习题，可是成绩就是上不去，李妈妈担心儿子最后连普通高中都考不上，来学校找英语老师。

英语老师说："李进是个很努力的孩子，但学英语也不是死读书，我平时教给学生们的记单词和做习题的方法，他似乎都没用。要知道，英语是一门语言学科，也不是死记硬背就能学好的……"李妈妈这才知道儿子的症结所在。

回家后，李妈妈找来儿子，跟儿子好好谈了一番。李进才知道原来自己一直是学习方法用错了，努力加正确的学习方法才会有好的学习效果。第二天，他就找英语老师谈了谈，并将老师的方法运用到学习之中。随后，在接下来的几次月考中，李进奋起直追，成绩上升很多，分数一次比一次高。

可能不少妈妈都为孩子的学习成绩感到烦恼，而最让妈妈烦恼的问题之一就是孩子的偏科。这被称为学习中的"短板现象"。

何谓"短板"呢？若有一个木桶，沿口不齐，那么，这个木桶盛水的多少，不在于木桶上最长的那块木板，而在于最短的那块木板。而要想提高水桶的整体容量，不是去加长最长的那块木板，而是要下功夫补齐最短的木板；此外，一只木桶能够装多少水，不仅取决于每一块木板的长度，还取决于木板间的接合是否紧密。如果木板间存在缝隙，或者缝隙很大，同样无法装满水，甚至一滴水都没有。这就是著名的木桶定律。

这是个简单得不能再简单的自然界现象，然而往往越简单的道理总会饱含更深层的道理。同样，运用到孩子的学习上，如果孩子存在偏科现象，那么，孩子的整体成绩就上不去，所以，如何帮助孩子解决偏科问题是很多妈妈需要下功夫的。那么，如何帮助孩子解决偏科问题呢？

1. 帮助孩子分析各科强弱的总体形势

分析哪科考得好，哪科考得不好，目的是帮助孩子认清自己在不同科目上的强势和劣势。需要注意的是，这并不是让孩子根据自己的考试分数做一个简单的排序，而是要以确实分析为基础，做出具有可行性的指导分析。比如对于一个数学基础非常好的孩子来说，分数虽然不低但是考试时时间较紧或者在最后的难题上出现了技术性失分，就要认真考虑自己的数学学习方法是否适应当前阶段的学习，并及时地做出调整改进，"吃老本"的做法是不可取的。

2. 引导孩子总结学习方法的得失

孩子考试一旦失利，首先要考虑的就是自己在该科的学习方法上是否存在缺陷，并做出相应的调整。成绩十分理想，也应该找出原因所在以便今后"发扬光大"。

3. 帮助孩子整理薄弱的知识点

你要让孩子做到，考试之后，对试卷中耗时较多的题、摇摆不定的题、做错的题均做出认真、细致的分析，找出原因所在，是公式掌握不牢，是该记住的没有记住，是解题方法没有掌握，还是思考方式运用不够熟练？

在此基础上进行补充学习。

4. 让孩子把更多精力和时间花在"短板上"

孩子的学习要有针对性，要让孩子明白哪些是自己不会的，进而让孩子把有效的时间用到提升"短板"上。

5. 让孩子多做学习总结

善于做总结和分析，是帮助孩子提高成绩的法宝，我们若希望孩子在考试中取得好成绩，不因为某一学科拖后腿或者因某一知识点而失分的话，就要让孩子养成多做学习总结的习惯。

总之，我们要让孩子不但爱学习，还要会学习，要找到属于他自己的学习方法，要让孩子多做总结和反思，找到"短板"问题出现的原因，这样，孩子在学习过程中才能有效克服它。

❋ "椰壳效应"：用兴趣引导孩子学习

有个孩子总不爱吃饭，父母眼见孩子一天天瘦下去，心里很是着急，尝试了很多方法都不见效。有一天，父亲从外边带来一只漂亮的椰壳，把它锯成两半来盛饭。没想到孩子竟用"椰碗"吃得津津有味，而且吃的也比以前多很多。用椰壳吃饭，仅仅是改变了外在形式，但是孩子觉得吃起来的味道就是与众不同的这种现象，被称为"椰壳效应"。

有些孩子天生就不喜欢面对书本上的"白纸黑字"，听到"学习"两个字就觉得烦，其实跟厌食的原因是差不多的，都是对面对的东西没有兴趣，同时又由于外界的逼迫产生了抗拒心理。这时，何不用"椰壳效应"，让孩子爱上学习呢？

妍妍是一名二年级的小学生。最近，妈妈发现妍妍有些不爱学习了，回到家之后，总是先把作业扔到一边，看会儿动画片，找楼下的小朋友玩一会儿，最后才开始磨磨蹭蹭地写作业，并且常常边写边玩，总是要到夜里10点多钟才能写完。后来，爸爸觉得妍妍这样下去不行，就和她谈了一次话，但效果却不太好。

这天，眼看都快10点半了，妍妍还在边写作业边玩，爸爸有点儿生气，正打算训斥妍妍，妈妈拦住了他，她走上前对妍妍说："妍妍，妈妈今天听了一个非常好听的故事，想把它讲给你听。但是这个故事太长了，妍妍得赶快把作业做好，不然这个故事就得拖到明天才能讲了。"妍妍听了，眼睛一亮，立刻开始集中精力做作业。果然，没过多久，妍妍就又快又好地做完了作业。

用一种孩子能够接受的方式，或者他喜欢的方式，让孩子主动地、快速地完成学习，这就是"椰壳效应"给父母的启示。

激发孩子对学习的兴趣，消除孩子的厌学情绪，以下几种是不错的方法：

（1）孩子不喜欢学习，多半都是因为觉得学习是一件枯燥无味的事情，他们从中感觉不到任何乐趣。这时，父母可以为孩子创设一些有趣的学习情境，设计一些游戏，让孩子对学习产生兴趣。

（2）如果孩子面对课本久了，妈妈可以带孩子到博物馆、展厅参观，换换心情，或者带孩子参加一些相应的社会活动、外出旅游，让孩子在课外的活动中放松心情，体验学习知识的乐趣。

齐齐今年上六年级，眼看就要小学毕业了，妈妈却发现他最近的学习状况不怎么好，回到家做作业时总是心不在焉的。妈妈向老师打听他在学校的情况，老师也反映齐齐有时上课会走神。妈妈想，这是个关键时期，齐齐的学习可不能出什么岔子。于是，她跟齐齐认真地谈了一次，发现齐齐并没有什么特殊情况，只不过对日复一日的学校生活产生了一些厌烦，甚至觉得在学校学的东西好像没多大用处。

妈妈想，这看似没有大问题的状况，却可能给齐齐造成很大的负面影响。她和齐齐爸爸商量了很久，决定带齐齐出去露营一晚，让他放松一下心情。

露营的这天，齐齐的精神状态果然不一样，他跑前跑后帮忙搭帐篷，弄好帐篷之后，又帮忙摆烤肉用的炉子。一切弄好之后，齐齐和爸爸、妈妈一块开心地烤着肉，妈妈问齐齐："齐齐，你弄的帐篷和炉子真不错，是从哪儿学的呢？"齐齐说："我们上数学课的时候，老师告诉我们三角形是很稳定的结构，所以我把帐篷的支架都搭成了三角形；上自然课的时候，老师说野外的地面会很潮，所以我铺了两层防潮垫……"齐齐喋喋不休地介绍着。妈妈和爸爸不由得笑了起来："孩子，你真棒！不过，现在你能理解上学的意义了吗？你看，你学到了好多能在生活中用到的知识！"齐齐想了一下，这才恍然大悟。

如果说书本和课堂是正统的教育，能让孩子学到系统的知识，那么必要的室外活动就是孩子应用自己知识的最佳场合。这不仅能让孩子体会到知识的重要性，还能让孩子的心情在娱乐中放松。可见，父母带孩子进行必要的室外活动，也是对孩子学习的一种帮助，是改善孩子厌学情绪的很好方式。

兴趣是孩子最好的老师。那些科学界、技术领域的知名人士，其成功都少不了兴趣的支持。兴趣是支持一个人不断学习的原动力，没有兴趣，一切学习都像是"填鸭"，达不到好的效果。所以，父母与其将重点放在对孩子成绩的考查上，不如放在对孩子学习兴趣的培养上。

✻ 缓解心理压力，化"苦学"为"乐学"

对孩子来说，学习压力表现在两个方面，一是会激励孩子更加奋进，二是高压迫使孩子精神崩溃。为了避免学习压力对孩子产生消极影响，减压显得非常重要。

近日，张女士带着女儿来到上海的一家心理诊所。张女士说，女儿名叫西西，在上海某重点中学读初三，学习成绩一直在班级名列前茅，这一直让学校老师和父母感到很欣慰，但随着中考的临近，西西在情绪上发生了很大的波动，突然觉得心情紧张、抑郁，有种莫名的烦躁令她经常发脾气，甚至让她产生了厌学的念头，同时西西的身体也出现了一系列异常状况，她感到无精打采，周身乏力，小腹坠痛，出现了月经紊乱。西西的这些奇怪的症状让张女士意识到问题的严重性，只好求助心理医生。

针对西西的问题，心理医生说，性情烦躁、动辄发脾气其实是因为压力大无处宣泄，实际上，像西西的这种情况，在不少孩子的身上都发生过。

现实生活中，家长对工作中的压力深有体会，孩子的学习压力又何尝不是如此呢？孩子的压力来自多方面，除了要承受身体发育带来的烦恼外，还得面对残酷的升学压力，来自父母的高期望，这些就已经给了孩子莫大的压力。学校为了升学率，给孩子增加额外的学习时间，早晚自习，周六日补课，孩子每天的学习时间长达十几个小时，休息得不到保障，久而久之容易造成孩子不堪重压，精神萎靡。因此，心理医生建议，家长应根据孩子的具体情况，科学、合理地安排孩子的学习生活，对孩子进行必要的减压。妈妈要为孩子缓解心理压力具体应该做到以下几点：

1. 妈妈不要给予孩子过大的学习压力

作为妈妈，我们不要过分看重学习成绩，这对于孩子来说是一种无形的压力。很多孩子都有这样一种感受，当他们学习成绩下降，妈妈常常是老账新账一起算，把孩子学习成绩下降归结为玩得太多、不认真等，甚至骂孩子"蠢""笨"等，这只能导致孩子产生学习压力，甚至还会产生厌学的情绪。

2. 转变教育观念与思想，消除孩子学习上的"压力源"

在这里，最重要的是破除"成功唯有上大学一条路"的思想，要认真思考孩子的兴趣爱好，和孩子一起精心设计他的成才之路，对于学习确实存在障碍的孩子，要在科学分析的基础上敢于另辟蹊径。

3. 帮助孩子养成良好的学习习惯

学习压力大的问题多半出现在那些学习困难、成绩不理想的孩子身上，而这不是因为孩子的智力问题，而是没有养成良好的学习习惯，例如上课不认真听讲，注意力不集中，缺乏耐力和持久性，做事敷衍了事、不认真，等等。

因此，我们要从小注意培养孩子良好的心理素质，用日常生活、游戏、习作等方式有意识地训练孩子的注意力、认真态度、较长时间专注一件事的习惯和严谨的为人处世态度。

4. 教会孩子化解心理压力

妈妈教会孩子化解心理压力的方法有以下几种。

（1）哭泣法。内心郁闷时，想哭就哭。曾有个关于哭泣的心理学实验，在全部的被测试中，有87％血压正常的人称，自己偶尔哭泣过；而剩下那些血压偏高甚至是高血压患者则称自己从不哭泣。很明显，哭泣是一种有效宣泄内心不良情绪的良好方法。

（2）心理暗示法。比如，你可以告诉孩子在面临巨大心理压力时这样想象，"天气很好，我和爸爸妈妈躺在公园的草坪上""湖面很平静，岸边的柳树随风摇曳着它的身姿"，都可以在短时间内放松、休息，恢复精力。

（3）分解法。把你在生活中遇到的各种压力与困难都罗列出来，并把它们编号，当你在纸上一个个写出来的时候，你会发现，只要一个个解决，其实也没什么大不了的事。

总之，减压的过程实际上是培养孩子良好心理素质的过程。因此，在生活中，妈妈要多关注孩子，经常从孩子的语言行动、情绪反应来了解他们的心态及其变化。当孩子幼小的心灵因为压力而感到无助时，妈妈一定要采取措施，帮助孩子从多角度减压，帮助孩子消除心理阴影，走出低谷，奋发向上。只有时时刻刻注意排解孩子的心理压力，才能使孩子远离心理疾患，树立健康向上的人生观和价值观！

⁂ 学习懈怠：为什么孩子没有上进心

懈怠心理是一种消极懒惰、不求上进的心理状态。在懈怠心理的影响下，孩子常常会在学习活动中表现为学业的拖延和厌倦，没有上进心。懈怠是一种松懈懒散、怠慢不敬的状态，它对孩子的成长和发展是非常有害的。因此，妈妈一定要重视孩子的懈怠问题，给予适当的指导和引导，不要给予孩子过多的约束，过多的约束只能让孩子更加懈怠。

孩子在生活中主要表现为学业懈怠。学业懈怠是孩子学习不努力的明显表现，是影响学习成效的主要内因。

据调查，我国城市地区的学生有30％左右存在明显的学业懈怠倾向，他们常常游离于教师的教学指示和要求之外，消极对待和敷衍学习任务，心存厌学和惰学情绪，学习成效令人担忧。遗憾的是，孩子的学业懈怠并未引起家长和教师的足够重视，他们对孩子学业懈怠行为的表现、成因及对策知之甚少，或对孩子的这种懈怠没有正确认识，以至于束手无策。研究表明，学业懈怠与学业不良密切相关，学业不良的孩子均有学业懈怠心理，他们的学习成绩明显低下，且懈怠倾向对学习成绩所产生的负面影响会随着孩子学习年限的延长逐渐增大。可见，如果家长能够正确认识孩子的学业懈怠行为，进而予以及时有效的指导和干预对孩子的成长是多么重要。

了解了孩子学业懈怠的表现，妈妈就应该分析孩子学业懈怠的原因是什么，主要有以下几个原因：

（1）注意力涣散。一些孩子常因注意力涣散而诱发懈怠行为。在学习过程中，一旦孩子的注意力偏离了当前的学习主题和任务，他们就会进入"低学习投入状态"。此时孩子虽然身处课堂，但学习内容并未引起其注意，或没有围绕课堂中心问题展开积极思考，实际上他们并未真正参与到学习活动中去。

（2）学习目标模糊。学习目标是孩子根据其自身条件对学习任务、学习时间和学习效果的综合性预设。研究表明，学习目标是影响学生学习投入意愿的直接因素。一般来说，虽然孩子可能有某种长远的学习目标，但其长远目标是模糊不清的，无法引导他们在特定情况下辨明学习的具体任务，安排合理的时间投入和采用适当的学习手段及效果检测。这种学习目标模糊的情况使孩子在学习行动上缺乏计划性、时间性，迟缓和拖延行为就在所难免了。还有一些孩子甚至不明确自己的学习责任，认为是"家长和老师逼迫他们学习"的。在面临具体学习任务时，不是思考怎样提高学习效率，而是缺乏应有的紧张感，简简单单地敷衍了事。

（3）学习方法失调。有些孩子缺少学习主动性，惯用被动接受式的学习方法，存在"等、靠、要"的心理，上课不记笔记，不迅速动手算题，遇到难解题时不爱动脑筋，消极地等待老师或同学告知答案，学业懈怠心理由此日渐滋生。

（4）消极的学业情绪。学业情绪是与孩子学习活动相关的各种情绪体验，包括在课堂学习活动、完成作业过程中及考试期间的情绪体验。良好的学业情绪不仅有助于孩子认知活动的开展和主动学习态度的培养，而且有助于促进他们的身心健康发展。学业懈怠的孩子难以从克服学习困难和解决难题中领略学习的乐趣，常常把学习视为痛苦的根源，长期对学习任务产生厌烦情绪，甚至萌生放弃或抵制学习的念头。这些持续的消极情绪直接影响了他们的学习投入表现。

总之，学业懈怠的孩子是有潜力和能力学习的，但因缺乏学习积极性、自觉性和主动性，而故意减少努力程度，从而造成学习成绩较差的结果。妈妈应该依据孩子学业懈怠的原因，并针对孩子的行为特点，及时有效地予以干预，则有望将其转变为勤奋好学的孩子，以期大幅度提高孩子的学习质量。

✳ 不值得定律：课上不注意有原因

人都会有这样一个心理：不值得做的事情，就不值得做好，这就是所谓的"不值得定律"。孩子听讲也是一样，如果孩子从心里认为学习课本上的知识没什么用处，他们自然就会采取敷衍了事的态度对待学习，也不认真听课。

冬冬是二年级的学生，平时也比较听话，就是上课不注意听讲这个毛病让妈妈伤透了脑筋。如果他认为这堂课没意思或者心情不好，就不认真听。总是听一会儿，就不自觉地东瞧瞧、西望望，搞小动作，桌上只要有什么东西都想玩，一支铅笔、一块橡皮都能让他玩上半节课，因此他没少挨老师的批评。

为了纠正孩子的这个坏毛病，冬冬妈妈也想了好多办法，比如与孩子谈心并和儿子约定，如果表现好就会得到不同的奖励，可每次都坚持不了几天，还是一节课要溜几回神，等到老师提醒而转过神来听课时，由于没听到老师前面讲的内容，节奏跟不上，于是又去玩手边的东西或者在纸上画画什么的。冬冬自己也明白上课应该认真听讲，他也很想改掉这个坏毛病，可一到上课，就不自觉地又"神游"了。

因为没有认真听讲，冬冬的学习成绩一直也上不去，小学又正是打基础的时候，这让老师和妈妈都很着急。

当妈妈注意到孩子上课走神、作业不认真完成，或者不想学习时，都会简单认为孩子对学习不重视。于是跟孩子大讲学习的重要性，还反复叮咛孩子要好好听课。实际上，妈妈要先设法了解孩子不认真听讲的真正原因，这样才能"对症下药"。

有的孩子对老师所讲的内容不感兴趣，或不适应老师的讲课形式，或是根本不喜欢任课老师，他们也会"迁怒"于听课。

对于孩子不能认真听讲这个问题，妈妈不能简单粗暴地责怪孩子，要与孩子加强交流，了解孩子不专心听讲的真正原因，然后再采取有效的措施，对症下药。

1. 妈妈要注意自己的言行

有一个8岁的孩子，叫陆陆。陆陆学习成绩很优异，上课从来都能认真听讲，玩的时间也很充裕。有人问他为什么有那么多时间玩，学习还那么好呢？他说："我任何时候都是该做什么就做什么，从来不分心。"别人又问他是怎么做到这一点呢？他说："你看我妈妈，她是大学老师，经常写论文，非常专心，有时候奶奶叫她吃饭她都不吭气。从小看妈妈这样，我就跟着学，同学叫我去玩，我说我要先做完作业，就这样形成习惯了。"

可见，妈妈的言行也能极大地影响孩子的行为。如果妈妈做事专心，孩子在无形中也会受到影响，自然养成集中精力的好习惯。

2. 给孩子补习功课

面对听不懂的、枯燥的语言，大多数人都会跑神，无法将注意力集中到自己不喜欢的事情上面，对于孩子更是如此。孩子不想听，多半是听不懂，妈妈要做的就是给孩子补习功课。妈妈可以陪伴在孩子身边，帮孩子补习功课，当然妈妈也可以请专业的辅导老师给孩子做补习。

∴ 帮助孩子驱除"惧考"的心魔

惧怕对于考试而言无疑是有百害而无一利的，妈妈要想孩子取得一个良好的学习成绩，考出一个真实的成绩，就要帮助孩子克服惧考的心理，帮助孩子驱除惧考的心魔，让孩子从容地进行考试。

南京市曾对四年级和六年级的学生做过一项调查，结果是：考试成了孩子的"第一怕"。孩子惧怕考试反映出老师和家长的教育方法存在严重的问题，这不能不引起重视。我们先来看看以下两个案例。

案例 1

徐兰的妈妈说："徐兰上小学时，成绩挺好，通过努力考取了重点中学。可上初一不久就像变了个人，以前爱笑爱唱的她变得沉默寡言了，一到考试，她就发晕，出虚汗，考试成绩自然不好，几乎都是倒数第几名。最近新开了一门课，第一次测验全班都考得不好，老师当堂点评，每道题都讲解了，下午老师让大家重考，可没想到，她比第一次考得还糟，在班上是彻底垫底了。上初中一年多，老师找了我无数次，腿都跑细了，脸也丢尽了，家教也请过，医院也去过了，现在我一点办法都没有了，这样下去，她还有什么用？"妈妈愁眉不展地望望女儿，一边摇头，一边抹眼泪。

案例 2

王晓明今年才 9 岁，样子长得挺机灵的，可一到考试就逃学，他还挺有理由："考不好就要挨打，出去玩几天爸爸妈妈还担心我，就不会再打我了。"晓明爸爸很无奈地说："这孩子一直在婆婆家长大，从小就很顽皮，因为工作忙，我们也没时间像别的家长那样带孩子上学前班，刚上学那会儿就跟不上，一直拖下来，基本上是班上的后几名。可没想到，他怎么养成了一到考试就逃课的习惯，这么小的年龄就在外面混，我真怕他会出事……"

当问起王晓明是不是真的不想读书了，王晓明却说："其实，我也想做个好孩子、好学生，可我总不像别的同学那样，考试可以拿到100分，老师不喜欢我，说我拖后腿，动不动就请家长来学校，每次爸爸从学校回来不是打就是骂。开始我还总想努力，可我进步了有什么用呢？那次爸爸说如果我考了90分，就带我去漂流，可当我真考了90分，他却怀疑我是抄来的，还说那次考试特容易，别人都拿了满分，不算。他们说话根本就不算数，后来我想反正我考与不考结果都一样，就不想再考了。"

怕考试的现象确实十分普遍，无论是成绩好的学生还是成绩不好的学生，都在不同程度上存在这个问题。比如：好学生总对自己的要求过高，总怕考不好，比上次成绩差会"丢人现眼"；成绩一般的孩子呢？介于好和不好之间，对有些知识点掌握得不牢固，理解得不透彻，再加上自己的底气不足，总是徘徊在模棱两可之间，担心自己掉到后进生的队伍中去，所以压力特别大；成绩不好的孩子，本来对考试已无所谓，但因考不好，就要挨打挨骂，所以产生巨大的恐惧，对自己一点信心都没有，于是为了能缓解这种压力，他们往往选择"逃考"。

妈妈应努力帮助孩子驱除"惧考"的心魔，有以下两种方法可以借鉴：

（1）培养孩子的自信心。给孩子安排一些时间和机会去做自己喜欢的事，对于喜欢的事，孩子肯定会表现出极大的热情去努力，也更容易成功，成功有助于孩子获得自信心。另外，家长对孩子的努力要支持、鼓励和肯定，让孩子对自己充满自信地完成事情。

（2）让孩子学会冷静。很多孩子都有这样的情况，平常学习也不错，可是一到考试就紧张得要命，吃不好，睡不着。其实，越是在意自己紧张的情绪就越容易紧张，越控制越严重。这时候，妈妈要教会孩子顺其自然，让孩子知道，考试的心态也是考试的内容，不要总想着考好、考坏，分高、分低的事情，发挥自己的正常水平就行。家长的态度也是孩子考试紧张的重要因素，所以妈妈要以平和、客观的态度对待孩子的考试成绩。

妈妈一定要正确认识和看待孩子的惧考心理，转变自己的思考路径，改变自己的教育方式，为孩子营造一个宽松的学习、成长环境，帮助孩子克服惧考的心理，让孩子健康快乐地学习。

培养孩子主动埋头学习的动机

如果说兴趣是一个人学习的原动力，那么什么是他努力的直接动机呢？是目标，并且是近期的、容易实现的目标。一位著名的心理学家就曾指出：人的积极性不仅仅来源于他所要实现的目标的价值，更取决于实现目标的概率。也就是说，越是认为一件事情完成的概率大，人们就越容易实现目标。

天下的父母都希望自己的孩子是最优秀的，因此常常会对孩子提出比较高的要求。比如"最好能得年级第一""最差也要班里前三名""下次争取考满分"，等等。父母有这样的期望当然是好的，但给孩子设立这么高的目标，并不是在给孩子增加动力，反而是在打击孩子的积极性。这是因为，如果学习目标远远超出了孩子的能力范围，就很可能导致孩子不断冲击目标却又不断失败，这对孩子来说无疑是沉重的打击，当然也就在无形中扼杀了孩子的学习兴趣和自信心。

在一般情况下，人们都不愿接受一个过高、过难的任务，因为这种任务既费时费力，又难以成功。相反，人们却乐于接受一些难度较低的、容易完成的任务，而且在完成了较容易的任务之后，人们也就能慢慢地接受较难的挑战了。这种现象在心理学上被称作"登门槛效应"。

灿灿的老师发现，原本活泼可爱的灿灿，最近愁眉苦脸的，上课的时候好像很认真，但又经常走神；好像对自己的成绩很在乎，但每次成绩下来却又不那么理想。为了弄清楚灿灿变化的原因，老师找她谈了一次话。原来，灿灿的妈妈很不满意她处于班里中游的成绩，要求她这次考试必须每门功课都达到90分以上，否则暑假时爸爸妈妈去海边旅游，她就只能待在家里。妈妈的这个决定把灿灿吓坏了，但她又对自己没有太大的信心，觉得自己无法达到妈妈的要求，因此变得精神恍惚，每天在担惊受怕中度过，但成绩却丝毫没有起色。

聪明的妈妈不会给孩子一次性设立一个很高的目标，而是每次都给孩子设立一个比较容易的任务，待任务完成之后，再对孩子提出进一步的要求。这样，不仅能使孩子产生较强的学习动机，还能使孩子在不断的进步中找到自信。如此一来，孩子就能在学习上形成一个良性循环，不断朝着更高处迈进。

给孩子设定一个合适的目标，妈妈可以这么做：

当孩子的成绩需要提升的时候，妈妈可以对孩子说："先赶上你前面的那个同学。"或者说："咱们下次争取比这次高5分，好吗？"这样的目标是孩子触手可及的，只要孩子努努力就能达到，因此能让孩子产生努力的动力，但又不会丧失自信心。

当孩子真的达到了妈妈设定的目标之后，即使它再"小"、再"低"，妈妈也一定要及时奖励或表扬。这代表着对孩子进步的肯定，孩子受到了外界正面的刺激，下一次会更加愿意付出努力。

当然，妈妈也要注意，给孩子设立目标要留有余地。妈妈在制订目标时，应充分考虑孩子的身体和心理承受能力，目标不但要在孩子能够承受的范围内，还要留有一定的余地。例如，如果孩子这次考试只考了40分，你即使给孩子定了一个 60 分的及格目标，可能对于他来说也是困难的。也就是说，这个目标与孩子的原来水平不能有太大的差距。目标设定得低一些，可以让孩子通过自身努力轻松达到，在不知不觉中跨越一道道"门槛"，然后信心百倍地去迎接新的挑战，从而一步步走向成功。

另外，在制订目标的时候，妈妈也可以让孩子参与进来，让他根据自身的能力为自己量身打造一个目标，这样孩子有更大的决定权，他的积极性也会更大一些。如果孩子的目标没有达到，妈妈也不要失望，更不要责怪孩子，只有时刻保护孩子的自信心，他才有向上奋发、走出低谷的可能。

给孩子设立一个较低的目标，就像是在给高楼大厦打第一个台阶，没有一个一个看似不起眼的台阶，大厦是不可能建立起来的。孩子的学习也是同样的道理，没有一分一分的累积，孩子是不可能得到满分、拿到第一名的。妈妈的任务，就是给孩子设立适合他的台阶，鼓励他通过自己的努力一层一层攀登上去。

✱✱ 倒 U 形假说：不要给孩子太多的压力

　　关于压力与动力的关系，心理学上有一个著名的"倒 U 形假说"(亦称"贝克尔境界")，是由美国学者威廉森提出的。该假说认为，一个国家在经济发展初期，区域之间的经济差异一般不是很大；但是，随着国家经济发展速度的加快，区域之间的经济差异将不可避免地扩大；而当国家的经济发展达到较高水平时，区域之间的经济差异扩大趋势就会停止，并转变为不断缩小的趋势。这个变化过程就好像倒写的"U"。所以，心理学家把它称为"倒 U 形假说"，也叫作"铃形假说"。

　　后来，这个假说被逐渐用于形容工作之中人们的压力与动力的关系。对于处于各种工作状态中的人们来说，过大或过小的压力都会使工作效率降低，只有最佳的刺激力度才能使人达到最佳的工作状态。同样，孩子在学习中的压力与动力的转化关系，也符合"倒 U 形假说"。比如，在孩子的学习过程中，如果负担过重，长期处于紧张状态，学习效果就会越来越差。妈妈必须重视这一现象，并采取有效措施，不要对孩子提出过多、过高的要求，另外还要设法帮助孩子按时完成任务，适当缓解孩子的紧张情绪，让孩子在快乐中学习。

　　佳佳今年 10 岁，原本是一个非常活泼、可爱的孩子。爸爸妈妈为了让佳佳早日成才，给她报了很多补习班，包括英语兴趣班、数学辅导班、舞蹈班、钢琴班、绘画班。每周除了学校的课程之外，佳佳都要奔走在这五个辅导班之间。说实话，她东西没学到多少，人倒是给累坏了。每天，她不是背着沉重的书包上学，就是背着跳舞的服装、钢琴教程、绘画板在各个培训学校之间穿梭。

不到两个月，妈妈就发现佳佳有些"不正常"，她原来爱说爱笑的习惯不见了，不光整日皱着眉头，小小年纪还总是唉声叹气的，精神好像也很紧张。妈妈焦急地带着佳佳到儿童心理诊所去检查，医生询问佳佳的情况之后，直言不讳地说："是你们过高的期望造成了孩子过重的心理压力。"妈妈有些奇怪："我们也是为了她好啊，希望她能把这些压力转化为学习的动力。"心理医生打了个比方："假如你有一个弹簧，你用五分的力气去压，它可能会反弹得很高；假如你用尽全力将它压下去，并且压得死死的，等你撒开手的时候，它多半不是弹起来，而是就此失去了弹力……"

由此可见，妈妈应该改变那种"压力越大，动力就越大，效果就越好"的错误观念，最好的办法是找到一个最佳点。比如，平时以督促孩子完成课内学业为主，只为孩子选择一个他喜欢的课外辅导班。以此为标准，觉得孩子压力较小时可以适当增加压力，当觉得孩子压力较大时要帮他缓解压力，及时为孩子做心理疏导，以免影响孩子的心理健康。

基于"倒 U 形假说"中给孩子适度压力的观点，下面几个做法都值得妈妈们参考。

首先，当然就是给孩子合理的期望。对孩子的期望值过高或过低都会对孩子造成负面影响。期望值过高，孩子就会失去信心，觉得自己怎么努力都不能实现，因而不愿意继续努力；期望值过低，孩子觉得太好实现，就有可能产生骄矜的心理，认为什么问题在自己面前都是"小意思"，这对孩子的心理健康也是无益的。因此，妈妈的期望必须根据孩子能力的具体情况来确定，最好是让孩子稍加努力后就能实现。

其次，给孩子多少压力，就应该相应地给孩子多少支持。很多时候，孩子能承受多大的压力，除了与自身的能力有关之外，还取决于家长给了孩子多大的支持。一个孩子在没有压力也没有支持的环境下是难以成才的，因为没有足够的压力使他前进，也没有相应的手段对他进行塑造，他的潜力因而得不到发挥。如果孩子接受的只是高压而缺少相应的支持，也很难走向成功。妈妈要善于赞扬孩子，时刻关注他取得的进步，就像关注他的缺点一样，这对缓解压力有很大好处。为了不辜负妈妈的赞赏，孩子会全力以赴，怀着积极的心态，从而激发出强大的自信。

当孩子承受压力时，妈妈要和孩子一起去应对。要让孩子正确地认识成功，也要教孩子正确地认识挫折，帮助他分析失败的原因和过程，以求改正。此外，妈妈还应多去发掘孩子在学习之外的优点和长处，并予以肯定。

当然，有必要的话，妈妈要和孩子一起行动起来，共同承受压力。比如，孩子每天学习很辛苦，妈妈就不能每天回家后轻松地休息，就算不能和孩子一起学习、做题，起码也要为孩子做好后勤工作。孩子只有看到妈妈实际的支持，才会产生更强的前进动力。

其实每个孩子对压力都有无限的承受潜能，具体表现出来多大的承受力，是与妈妈的引导有着很大的关系的。如果妈妈能够以一种"谈起压力轻描淡写、真正面对压力时严肃认真"的态度，来将压力放在孩子肩膀上，相信孩子也可以做到：不在精神上被压力打垮，但会在实际行动上付出努力。有了这样的态度，孩子即使承受的压力有些重，也能顺利地将其转化为动力。

第9章

成长比成功重要：
孩子成长的心理定律

培养孩子时，很多妈妈总是过于关注结果，而忽视了孩子的成长。什么事做得不好，妈妈就说孩子没出息。有些妈妈习惯把学习成绩作为衡量孩子一切的标准，而忽视了孩子身心健康的发展。其实，孩子能健康成长比成功更重要，妈妈们不能厚此薄彼。

✿ 鱼缸法则：给孩子足够大的"鱼缸"去学习

鱼缸里的鱼是永远也长不成大鱼的，因为它们缺少自由；同理，孩子的成长也需要自由，否则再苗壮的树苗也长不成参天大树。

孩子的成长离不开自由的空间，然而很多时候，妈妈的保护就像鱼缸一样，孩子在妈妈的"鱼缸"中很难长成大鱼。

有一个小女孩4岁多，看到路边卖烤红薯，缠着妈妈非要吃。妈妈拗不过孩子就给她买了一个。

后来，母女俩回到家，妈妈坐下后，就开始剥手里的红薯，小女孩着急地嚷嚷着："我来剥，我来剥……"

可是，女孩的妈妈却坚持认为："你剥不卫生，吃了会生病的。"

小女孩急迫地说："我要剥嘛，我就要剥嘛。"妈妈听了，严厉地说："不行。"这时女孩满脸的乞求、尴尬，甚至是痛苦，只好依从妈妈。

最后红薯剥完了，妈妈笑着对女儿说："好了，吃吧，再急也要讲卫生啊。"

可是，女孩却板起小脸，狠狠地说了句："我不吃。"

女孩的妈妈听了，惊讶又生气地说："什么？花了钱，还费了半天劲，不吃了？你不是折腾人吗？……"

不得不说，这是一个失败的教子经历。女孩的妈妈不了解孩子的内心需要——也许，孩子要的只是剥红薯皮的动作、剥红薯皮的过程、剥红薯皮的经验和感觉，这是孩子心智发展的需要，到底这种经验对孩子有什么用？没人知道，或许这正是成就一个伟大科学家、政治家或其他什么人物的重要一环。

事实上，孩子成长过程中的每一次锻炼都曾被我们无情地剥夺过。比如，孩子穿鞋的机会就被很多妈妈剥夺过。因为孩子还小、自理能力差，穿鞋、系鞋带这个过程自然会特别慢，如果家长着急出门，耐不住性子继续等待，就会急于给孩子穿鞋子、系扣子，也许这么做是省了时间，但是时间久了，孩子穿鞋的能力就会慢慢丧失。幼儿园中总有这种情况，很多孩子已经穿上鞋在外面奔跑了，可是还有孩子在哭，为什么？因为他们正着急等着老师给他穿鞋呢。或许这种剥夺还比较容易理解，实际上还有另外一种剥夺，那就是剥夺孩子在思想上的独立。这种剥夺会使孩子的思想失去自由，而失去自由就必然是被奴役的状态，恐怕没有家长希望自己的孩子是这样长大的。

不管是身体上还是思维上，对于孩子的成长，妈妈都要舍得放手，孩子才能独立冒很多险，进行各种探索，在这个过程中获得独立的能力。如果妈妈舍不得放手或横加阻拦，那么孩子便没有了自由，没有了独立。正如意大利教育家玛利娅·蒙台梭利所说："我们必须把我们的后代造就成强有力的人，也就是我们所说的独立和自由的人。"

所以说，妈妈要想孩子能健康苗壮成长，就必须舍得放手，给孩子一定的自由空间，而不是把孩子禁锢在一个小小的"鱼缸"里。

为了给孩子自由成长的空间，不妨让孩子早日走出"鱼缸"，回归大海。具体可以做到如下几点：

1. 让孩子自由地选择

对于孩子的自由，妈妈首先要给孩子选择的自由，无论孩子的选择是多么的错误与愚蠢，也要尊重孩子的选择，因为每个人都希望自己有选择的权利。

2. 让孩子自由地思考

选择取决于思考，要想孩子能够自由选择，前提条件就是要他们能够自由地思考。所以，妈妈都应该培养孩子自由思考的习惯，只有这样，孩子才不会成为妈妈的傀儡。

3. 让孩子自由地尝试

有了选择与思考的自由，每个孩子还要有尝试的自由，无论是事物还是人生，妈妈敢于放手，让孩子自己去品尝，这对孩子自己来说，将比妈妈的经验教育更有震撼力，也更容易被孩子记住。

当然，给孩子自由也并不意味着妈妈就可以放手不管。孩子由于年龄小、社会经验不足等，往往不能处理好自己的事情，妈妈如果撒手不管，给孩子太多自由，并不一定有好效果。事实上，做到既让孩子在自然的环境里自由成长，又进行必要的追踪保护；既不是放任自流，又不是管得面面俱到，只有这样，才能取得更好的效果。

梦想法则：让孩子做一个有梦想的“疯子”

“梦想法则”是指一个人若心中怀揣梦想，便会在希望中生活，并不断地创造生命的奇迹。

童年时期的孩子的梦想是丰富多彩的。童年是梦想开始的地方，爱孩子的妈妈应当为孩子的梦想保驾护航，精心呵护孩子梦想的种子，这样的话，梦想才有机会长成参天大树。

儿童心理学家认为，梦想对孩子的成长有着巨大的牵引力，鼓励孩子追梦会使其产生强劲的内驱力。即便梦想遭遇挫折，孩子也会勇敢前行。像爱迪生、达尔文、毕加索的童年时期，无一例外地都有一个华丽的梦想，才成就了他们以后伟大的功绩。

然而，现实生活中，很多父母认为梦想是不切实际的幻想，常常对孩子的梦想不屑一顾，甚至是大泼冷水。

亮亮是上小学二年级的男孩子，当他兴奋地对妈妈说"我长大了要去当船长，守护大海"时，他的妈妈却不以为然地说："就你那糟糕的成绩，打扫军舰都轮不到你。"本来兴致勃勃的亮亮，瞬间就垂头丧气了，以后再也不敢在妈妈面前说什么梦想了。

孩子的梦想竟然被妈妈如此讥讽着，如果这位妈妈能像莱特兄弟的父亲那样认真对待孩子的梦想，孩子日后没准儿真会成为一位出色的船长呢。

孩子的梦想需要妈妈的精心呵护，有了妈妈的支持，才能让梦想的种子长成参天大树。那么，作为家长又该如何呵护孩子的梦想呢？

1. 妈妈要正确认识孩子

每个孩子都有自己的兴趣和爱好，妈妈一定要对自己的孩子有一个清醒的认识与评估。然后，根据自己孩子的特点，有意识地加以强化，引导孩子有一个美好的梦想。

2. 妈妈要对孩子的将来有一个规划

要想实现梦想，就要把它化为具体的目标。因此，妈妈不妨与孩子一起制订和巩固目标，并把目标深植于孩子的脑海中，以起到警醒和提示的作用。如果孩子的意志比较薄弱，也不要打击孩子。要知道，青春的梦想是未来的真实投影，而让孩子早点认识自我、把握未来更是家长的责任。

3. 妈妈也应有自己的梦想

要孩子有远大理想，妈妈也应是个有理想、有道德、有奋斗精神的人，这样才能使孩子在无形中受到教育。要知道，妈妈的行为对孩子有潜移默化的影响，言传不如身教。所以，妈妈也要有意识地和孩子谈谈自己的工作、理想、人生抱负等。

总之，让每个孩子心中都有一个美好的梦想，精心呵护孩子的梦想，是我们在家庭教育时的首要任务。

❋ 杜根定律：自信很重要，孩子离成功就差它了

"强者不一定是胜利者，但胜利迟早都属于有信心的人。"这是美国职业橄榄球联会前主席杜根提出的观点，被称为"杜根定律"。这句话强调了自信心对于成功的重要性。

获得成功的前提条件是拥有自信心，缺乏自信心的孩子往往会自卑，做事情缺乏勇气，畏首畏尾，即使脑子聪明、反应灵敏，但一遇到困难、挫折就会止步不前，害怕继续下去会再次受到伤害。然而，有些时候，一些家长不当的教育方式也会让孩子的自信心受到严重打击。所以，妈妈一定要找对提升孩子自信心的方法。

梓萌是个上小学二年级的小姑娘，也是个充满自信的小姑娘。说起梓萌自信心的培养，还真有一段故事呢。

上幼儿园大班和学前班的时候，梓萌在学习方面很依赖爸爸妈妈，语言文字方面的问题找妈妈帮忙，数学计算方面的问题找爸爸帮忙。爸爸妈妈似乎就是梓萌的兼职教师，这样导致的结果是，梓萌的依赖心理越来越强，做什么事都没有信心。

意识到这个问题后，梓萌的爸爸觉得有必要改变一下教育方法了。这时候梓萌已经正式进入小学读书了，爸爸借着梓萌学习汉语拼音的机会，找到了突破口。

原来，梓萌的爸爸妈妈都是南方人，说话都有点儿"大舌头"，对于拼音更是不在行。这下，梓萌就有了做老师的机会了。

在梓萌掌握了每个字母的发音以及全部的拼音规则后，爸爸和妈妈开

始"拜"女儿为师。他们约定，在家里，谁遇到读不准的音，拼不对的字，都要向梓萌请教，她是全家学习汉语拼音的权威。

对于这一"头衔"，梓萌极为振奋，高兴得手舞足蹈。借此机会，妈妈又对梓萌说："作为老师，责任是很重大的，你可不要轻易弄错哦。"梓萌使劲儿地点头。此后，在上课的时候，她更加用心学习了，每次考试几乎都能拿到满分。

不难想象，一个刚上小学的孩子，当她发现自己能给大人带来帮助和指导的时候，心底将升腾起一股怎样的自豪感！这种实实在在的自信，是任何夸奖和表扬都达不到的。

可以说，对于每个孩子来说，自信心是他们生命中的一把火炬，高擎着它就能让孩子将自己人生的每一处照亮。

自信不仅可以展现人格的魅力，也是一个人成功时最重要的意志品质之一。对于年幼的孩子来讲，他们更容易在这个复杂的世界中一点点地失去自信，尤其是受到源自妈妈言行举止的影响。因此，在日常生活中妈妈要注意从小培养孩子树立自信心，才是家庭教育的重中之重。善于运用一些有效的方式方法，帮助孩子在一点一滴的为人处世中，逐步树立自信心。

1. 别当着孩子的面赞扬其他孩子

妈妈一般都会问孩子的成绩，然后，拿孩子的成绩与更优秀的孩子进行比较，并当着孩子的面去夸奖优秀孩子。她们本想以此去激励孩子，反而引起了孩子的反感，因为每个孩子的内心，都需要妈妈的认可，都希望得到妈妈的赞赏，而不少妈妈却忽略了孩子的这种需求。在孩子面前热情地夸赞别人，会使孩子感觉到妈妈对自己的否定，让孩子的自尊心受到伤害。

2. 从长处入手，激励孩子超越短处

孩子的天赋各有不同，妈妈面对孩子先天的不足，应切忌拿孩子的不足之处去与别人进行对比，这样只会使本已自卑的孩子更加自卑。

3. 纵向比较，当发现进步时及时鼓励

妈妈看不见孩子的进步，只是一味地夸奖别人，贬低自己的孩子，这样会使孩子形成一种不良的心理，做出破罐子破摔的行为。因此，妈妈不要拿孩子与别人进行横向比较，而应该多从孩子自身进行纵向比较，当发现孩子有所进步时，就及时表扬鼓励，这样，孩子的行为才会向妈妈所希望的目标靠近。

4. 转变观念，多看孩子身上的优点

同一个孩子，妈妈如果只盯着孩子的缺点，把孩子看得一无是处，整天去称赞别人，孩子就会真的变得一无是处了。同理，如果妈妈转变了观念，经常看到孩子身上的优点，认为自己的孩子就是一个"小天才"，那么，孩子就自然会像妈妈希望的那样，变成一个全身都是优点的"小天才"。

拥有自信，才能扬起人生的风帆。让孩子学着自信起来吧，这样他才能成为你心目中那个无坚不摧的"小超人"！

潜能递减法则：从缺点中发现孩子的优点

所有的成年人大概都有这样的感受：小时候记住的东西到现在都不会忘，但现在有意识地记一些东西却需要费很大的劲儿。其实，这就是随着年龄增长，记忆力衰退所导致的。

不仅记忆力，我们身体里的诸多潜能，都会随着年龄的增长而逐渐递减。有关教育专家经过大量的调查研究表明，人的潜能遵循着逐步递减这一规律。也就是说，对孩子的教育开始得越晚，其潜在能力实现的就越少。

事实上，每个孩子都具备成才的潜质，每个孩子都具备自己独特的优势，关键就在于这份潜在的"资源"能否被激活。而我们教育孩子的目的很大意义上就在于此——在教育细节中要注意发现孩子的潜力和优势，然

后把它放大开来。

现在大部分父母一双眼睛只是盯在孩子的学习上，而忽略了孩子的潜质，如此的"鼠目寸光"只能压抑孩子，阻止孩子的进步；有的家长对孩子的缺点和不良的行为习惯，"发现"得十分及时、十分准确，并且不遗余力地去"夸大"，去"定格"，总认为孩子这也不是，那也不对。这样的"发现"，只能助长孩子的自卑，扼杀孩子的自信心。

正是这种行为，孩子的潜能被彻底封印了。随着他的成长，这份潜能再也没了"拨云见日"的机会。这不仅是孩子的悲哀，更是父母的悲哀！

孩子潜能的"刽子手"，相信所有父母都不喜欢这样的"称谓"。所以。妈妈千万记住这一点：也许你没有发现孩子的潜能，但未发现并不等于没有。我们要做的事情，就是将孩子的潜力成功激活。

12 岁的庆庆就要小学毕业了，可是在妈妈看来，他一点也没有升初中的压力，依然该玩玩，该闹闹。班主任老师也反映庆庆是个聪明的孩子，就是不爱学习；平时在班里，做什么事都积极主动，但总是忘不了调皮捣蛋，大错不犯、小错不断，很让老师头疼。

庆庆妈妈却总觉得，自己管理孩子很严格，写检查、罚站是家常便饭，可庆庆的情况为什么一点也不见好转？渐渐地，妈妈开始有些心灰意懒，认为这个孩子就是这么不争气。

有一天，妈妈正在上班，接到了班主任的电话。原来，庆庆组织了班级所有的男生要和四年级的一个班打架，幸亏老师发现得早，否则后果不堪设想，于是让家长协助，调查其中的原因。

听老师这么一说，庆庆妈妈气得浑身发抖，拽过庆庆来就扇了俩耳光，流着眼泪对他说："你说，这是怎么回事！你刚 12 岁，就学社会上的流氓地痞打架斗殴？还纠集了那么多人，你说，如果哪个孩子出了事，你能负得起责任吗？你怎么这么不争气，不让妈妈省心啊！"

妈妈的泪水，让庆庆也很难受，他说："对不起，妈妈。四年级的那些孩子欺负了我们班的一个同学，还侮辱我们班级。我也是一时气愤才做错了事。妈妈您别伤心了，以后我不会这样做了。"

第二天，在外地工作的爸爸回来了。了解了这件事以后，他对庆庆妈妈说："男孩子淘气一点倒是挺正常的，而且庆庆这孩子很会号召同学，也很有正义感，据说他在班里人缘也很好。我们能不能从这些方面着眼去激励他取得进步呢？"

爸爸的话让妈妈一愣，说："是啊！咱们思考问题的方式的确不一样，我怎么从没注意到咱孩子还有这个潜质？"

爸爸和庆庆详细地谈了一次话，他发现庆庆的情绪有些沮丧，甚至有点儿自卑，以前妈妈和老师经常批评他，使得孩子认为自己一无是处。

看着失落的儿子，爸爸说道："儿子，爸爸认为你有很多优点，比如你的组织能力、你的正义感，这些都是你的潜力。还有你的数学成绩不是很好吗？这说明你很聪明，这就是你的优势。你要自己意识到自己的潜力，路遥知马力，在以后的人生路上，你很有可能因此而取得成就。虽然现在有些毛病，但我认为你完全可以改正，你说呢？"

庆庆虽然流眼泪了，但他却重重地点了点头，因为他这才意识到，自己并不是一无是处！后来，庆庆上了初中，不仅成绩突飞猛进，而且还做了班长。他以后的理想是成为一名出色的航天员。

和妈妈相比，爸爸的教育方式显然更加科学，也很值得所有父母借鉴。他认识到孩子潜在的能力，并成功抓住了问题的关键，打开了孩子心里的"锁"。这把"锁"在很多孩子的心里都存在，而它往往是由施教者——父母或是老师锁在孩子心里的。倘若一味像庆庆妈妈那样，将眼光总盯在孩子的缺点和错误上，那么这样做的后果会导致孩子逆反、消极、悲观，甚至心灰意冷、不思进取。

一个称职的妈妈，绝不会把自己的孩子贬低得一无是处，而是尝试着去发现孩子的潜能和优势，并帮助他发掘出来，激励他朝着自己的优势方向前进。也只有这样，我们才能帮孩子打开那把"心锁"，从而看到一个截然不同的优异少年！

总而言之，孩子的潜能是巨大的，这就要看妈妈如何挖掘。每个孩子都有一定的潜能等待开发，而家长正是挖掘它的那位"伯乐"！

✱✱ 自然惩罚法则：让孩子学会为自己的行为负责

"自然惩罚法则"是教育孩子的一种行之有效的方法。什么是"自然惩罚法则"呢？从心理学意义上讲，其基本含义是：当孩子在行为上犯了错误时，不要给孩子过多的指责，而是让孩子自己承受行为过失或者错误直接造成的后果，从而给他以心理惩罚，引起孩子的自我悔恨，自觉弥补过失，纠正错误。

换句话说，自然惩罚法则的目的就是让孩子为自己的错误行为买单，体验到这种错误后果带来的痛苦责罚，从而从心理上强化痛苦体验，吸取教训，不再犯错。

举例说，孩子不好好吃饭。

告知孩子吃饭的规则。包括吃饭的时间，如果不能按时完成，那么就直接结束供餐，等到下一次吃饭时间到了，才有机会吃饭。期间，不管你多饿，也不会得到零食或是提前吃饭的机会。

严格执行事先的约定。到点就结束，绝对不给孩子拖延，并且，严格遵守规则，绝对不能因为孩子哭闹说自己饿了，或是后悔了，或是保证再也不犯错了，就心软。必须让他尝到饥饿的滋味——他不好好吃饭的后果。

不要担心孩子会饿坏身体。偶尔一两顿不吃饭，根本不会对孩子的发育造成什么不良影响，你需要做的不是担心他饿了怎么办，而是要担心没有达到效果怎么办。所以，为了让他真正体验到这种痛苦，你要把家里所有的零食都收好，让他吃不到，否则，不但没有实现好好吃饭的目标，反而形成用零食替代主食的坏习惯。

虽然自然惩罚在很多时候是一种很有效的教育方法，但它并非万能，在运用的过程中还应该注意以下几点：一是注意场合。一般来说，让孩子体会到的惩罚要以不伤害孩子的身心健康为好，否则一定不要尝试这种方法。比如，孩子的错误行为很可能会引起触电，这种威胁不是他能够承受的后果；又如，一些过失行为的后果是带来严重的心理折磨，这种后果对于孩子来说也过于严重。

二是减少干预。这种自然惩罚的方式的目的就是要孩子承担自己不当行为带来的后果，从而达到预期的效果。但是，这个惩罚过程中，大人要约定好，尤其是心疼孙子的爷爷奶奶，大人采取自然惩罚法则目的是让孩子体会到自己的行为所带来的自然后果，从而知道要对自己的后果负责任。如果妈妈或其他人在其行为过程中干预过多，会让孩子觉得这个后果是妈妈的责任；如果在形成后果之后干预过多，则会让孩子自尊心受到伤害。

三是注意引导。孩子犯了错误，不要强加制止，而要合理、有效地引导，跟他讲明白这种行为会产生的后果，毕竟我们不是为了惩罚孩子而去让他得到惩罚。通过引导让他知道如何去避免受到惩罚，如果他自己不接受，就必须自己承担这种后果带来的伤害。

总之，自然惩罚法则是一种简单、可行、有效的心理教育方法。合理地运用这个方法，可以促进孩子的健康发展，形成良好的行为习惯，提高孩子的责任心。

❄❄ 罗森塔尔效应：给孩子一些鼓励，奇迹就会发生

"罗森塔尔效应"也叫"暗含期待效应"，它是指家长对孩子未来造就的可能性怀着暗含期待的一种深沉的情感体验。通过各种暗示的方式，向孩子传递出他对孩子满怀的期待。

很多妈妈在教育孩子的过程中，总喜欢对孩子说"你真笨！""你怎么总比别人差？"等打击孩子自信心的话。久而久之，在妈妈的打击下，孩子会真的认为自己很笨，比不上别人。在遇到问题后，就会出现"我不行"的心理暗示，结果即使是孩子能够胜任的事情，也往往做不好。这就是消极期望的结果。

在家庭教育中，妈妈需要及时对孩子进行积极期望，及时鼓励孩子。

（1）鼓励孩子，就是给孩子以信念。心理学家认为，在每个孩子的心中，都有两扇门，一扇叫"我能行"，另一扇叫"我不行"。如果妈妈多鼓励孩子，孩子就会对自己产生"我能行"的信念，做任何事情都会信心百倍。

（2）鼓励孩子，有助于孩子更好地认识世界。由于孩子的心理尚未成熟，对于身边的事情总是抱有很强的好奇心，什么都想亲身体验一下，这时候妈妈需要抓住孩子的这种好奇心理，鼓励孩子多去尝试。有了妈妈的鼓励，孩子会更大胆地去体验一些陌生事物，这对孩子来说，是认识世界的一个绝好的方法。

所以，妈妈应该经常用积极的语言鼓励孩子，让孩子在被激励的氛围中成长。妈妈不仅对那些聪明、有天赋的孩子给予积极的鼓励，也要对那些"笨"孩子给予鼓励，这样，孩子才会逐渐变得自信、开朗，做事情当

然就会有事半功倍的效果。

伟大的物理学家爱因斯坦，长到4岁了还不会说话，邻居们甚至认为他是一个"傻子"。

上小学的时候，爱因斯坦的表现依旧很平庸，没有一门功课能学好。因此，一位老师甚至向爱因斯坦的母亲断言："你的儿子将一事无成。"

面对人们的议论和讥讽，尤其是面对老师给儿子下的结论，爱因斯坦的母亲并没有对自己的孩子失去信心，她坚信爱因斯坦将来一定能够成才。为了不让爱因斯坦失去信心，她给予了小爱因斯坦更多的鼓励。

母亲为爱因斯坦买了积木，让他搭房子，每搭好一层，母亲便表扬和鼓励爱因斯坦一次，结果，爱因斯坦一直搭到了第14层。

母亲还通过各种方式鼓励爱因斯坦，帮助他消除消极的情绪。而恰恰是母亲的鼓励，点燃了爱因斯坦心头压抑已久的希望之火，让爱因斯坦从人们的议论中振作起来，使他以一种不断积极进取的心态，努力拼搏，最终成为20世纪举世瞩目的伟大的物理学家。

妈妈虽然明白鼓励孩子的重要性，也确实在不断地鼓励孩子，然而，她们的鼓励有时不仅起不到任何作用，时间一长，还会引起孩子的反感。

如何做一名称职的妈妈是一门大学问，而如何有效地鼓励孩子，妈妈在教育方法上必须掌握一些基本的技巧和方法，主要包括：

（1）要善于赏识孩子，多赞美孩子。赏识也是一种鼓励，因为赏识孩子能够增强孩子的自信。有句话说得非常好：不是好孩子需要赏识，而是赏识使他们变得越来越好；不是坏孩子需要抱怨，而是抱怨使他们变得越来越坏。赏识孩子就是要善于发现孩子的闪光点，及时对孩子进行表扬，使孩子树立起克服困难的信心。赏识是能力的催化剂，能激励孩子把一切潜能调动起来，从而达到充分释放能量的状态，使孩子最大限度地展现才能，为将来发展打下良好的基础。

（2）适当降低对孩子的标准。在鼓励孩子达到某个目标时，妈妈应该针对孩子的实际水平，适当降低标准去要求他。相对于高要求给孩子所带来的压力，这样做对孩子的激励作用会更大。一旦要求降低了，孩子就很容易获得成功，而这种成功的体验会让孩子对自己充满自信，并争取更大的进步。

（3）适当夸大孩子的进步。当孩子在学习或者其他方面有了进步，不管进步了多少，妈妈都应该及时夸奖他"进步挺大"，这种夸大的表扬能调动孩子心里的积极因素，孩子会因为想得到妈妈再一次的肯定而付出更多的努力，争取更大的进步。因此，夸大孩子的进步也是鼓励孩子的一种方式。

✱ 马太效应：告诉孩子，人生本就不公平

"马太效应"源自圣经《新约·马太福音》一则寓言："凡有的，还要加倍给他，叫他多余；没有的，连他所有的也要夺过来"。"马太效应"就是指强者越强、弱者越弱的现象。

"马太效应"确实真真切切存在于现实生活中，"富者越富，贫者越贫"就是典型的"马太效应"。然而，有很多人总在苛求公正，指望这个世界的一切都应该是公平公正的。受这一想法的引导和支配，一旦遇到不公正的待遇，便会陷入愤怒、忧虑，甚至绝望之中。联系到家庭教育，在孩子的成长过程中，也存在着这一现实。

刘畅的学习成绩一般，但是他的动手能力却非常强，经常会把身边的小东西拆得七零八落，然后自己再弄出个小发明、小创造。

不久前，学校所在区县举办了一次"小发明家"的科技竞赛，刘畅带着他的发明参加了初赛。比赛结束后，他还满心欢喜地以为这次的参赛名

额肯定是自己的，没想到评委老师公布参赛名单时却是郑瑞。

郑瑞是个聪明机灵的孩子，学习成绩很突出，一直是老师们眼里的"红人"。而且学校组织的很多活动也都指派他代表班级参加，在其他同学看来，班里所有好事简直就是他一个人"承包"了。

当刘畅得知参赛名单上没有自己时，心里"愤愤不平"，到处和同学说不公平，最后还被老师批评了一顿，但是他的心里依然很不服气。

刘畅回家后便和妈妈大闹，执意要转学。妈妈自然是不同意，无论怎么好言相劝，他就是不肯上学。一连几天，刘畅都闷闷不乐的，妈妈知道孩子受了委屈，可是又没地方说理，只好想尽办法替孩子转去另一所离家较远的学校。

当结果和自己预期的不一样时，很多孩子感觉不公平，常会抱怨：老师有意偏向学习好的同学，自己因为一点无心之举就会受到老师批评。故事中的刘畅小朋友就是这样的，这种心态很容易让孩子站到老师的对立面，不利于搞好师生关系，也不利孩子健康心态的养成。

与其把孩子关在温室中，与其让孩子事事苛求于百分百的公平，不如让他们从小接受这样的事实，不如教孩子正确认识"不公平"，只要孩子摆正心态，就不会自己和自己过不去，反倒学会积极地面对成长中的各种难题。

如果你的孩子动不动就要求"公平"，那么作为妈妈又该如何引导他们面对这些"不公平"，同时又避免"不公平"的阴影阻碍孩子的健康成长呢？

1. 妈妈自身要转变观念

首先要认识到，对于成长的孩子来说，经历委屈、挫折本身并不是什么坏事，可以让孩子从中学到很多宝贵的经验，这也是孩子从一个生理意义上的"人"成长为一个社会意义上的"人"所必经的阶段。而且这对孩子未来的身心发育都是大有好处的。

2. 引导孩子理解什么叫"不公平"

对于孩子来说，出现被不对等的感觉就是不公平，诚然，这不能算作"不公平"。孩子还小，不能客观、正确地理解"公平"一词。这时候，妈妈就要引导孩子对公平的认识，可以借助一些小游戏告诉孩子，公平是相对的，不是绝对的。与此同时，妈妈还要教会孩子，你认为的公平也许对别人来说是不公平的，因为每个人对公平的评判标准不一样。

3. 引导孩子把注意力放到重要的事情上

妈妈可以让孩子将注意力集中到自己的生活上，这时孩子便会发现，生活中的快乐无处不在，即使不是一个好天气，他也会感到内心的喜悦。

其实，教导孩子，最重要的是引导孩子将心中不公的委屈发泄出来，帮助孩子释放情绪，一味地责怪孩子不是办法，对受委屈的孩子来说，释放情绪远比事件本身更重要。

✱✱ 鲇鱼效应：让孩子在竞争中活出样子

挪威的渔民为了能捕捞到鲜活的沙丁鱼，想了一个绝妙的办法，将沙丁鱼的天敌鲇鱼与沙丁鱼一同放入沙丁鱼槽里。出于捕食的天性，鲇鱼会不断追逐沙丁鱼，沙丁鱼为了活命会拼命游动，激发了内在活力，这样渔民就获得了鲜活的沙丁鱼，这就是"鲇鱼效应"。

著名的"鲇鱼效应"告诉我们竞争可以激发人们内在的无限潜能，并迸发出超常的能量。"鲇鱼效应"同样可以应用在现代教育孩子中。社会竞争日益激烈，一个没有竞争意识的人是很难在社会立足的。妈妈应该从小培养孩子的竞争意识，教育孩子勇于接受各种挑战，不断锻炼各种技能，以在未来社会中立于不败之地。

　　小黄回家跟妈妈说："这次班上又要选班干部了，老师让我们想竞选的人做一个演讲和拉票准备，可是我一点儿都不想去做这件事。"妈妈便问他是怎么回事，他说他觉得自己的成绩不够好，大家肯定不会选择他的。

　　妈妈对他说："不一定学习好的同学就是受到大家欢迎的啊。你也有很多优点的，大家不是都爱和你玩吗？你可以去试试参加竞选，大家说不定都会选你呢。"小黄听后，还是觉得没有信心，鼓不起参加竞选的勇气。

　　要强化孩子的竞争意识，父母应该对此引起重视。为了培养一个更加自信、勇敢的强者，就要让这个孩子敢于去与别人竞争，在竞争后能够坦然面对自己的失利，继续保持前进。

　　竞争意识和上进心也是紧密联系的。一个没有上进心的孩子，也就会懒于去与人竞争，也不会从竞争中得到乐趣。他们讨厌与别人比赛，对于胜负不愿去主动把握。一个竞争意识缺失的孩子，很难不断超越，取得成绩和成功。

　　孩子在敢于竞争、勇于竞争中，才能更好地发挥出自己的潜力，不断去创造属于自己的精彩人生。那么，妈妈应该怎么做才能激发孩子的竞争意识呢？

　　1. 让孩子制订合适的竞争目标

　　如果给孩子制订了过高的竞争目标，会打击他实现目标的积极性，而制订的目标过低，孩子在竞争中不能得到满足，也会逐渐丧失上进心和竞争意识。恰当的目标，是让孩子站起来、跳一跳、够得着，这样才会让孩子越学越有劲，越赶越快乐，竞争意识才会不断得到强化。

　　妈妈要先调整好自己对孩子的期望值，然后帮助孩子调整期望值，让孩子更安心地用合理的竞争目标来要求自己，这样才能让孩子一直保持高昂的竞争意识。

　　2. 用心理暗示强化孩子的自信

　　积极有效的心理暗示，能帮助孩子在竞争中取得成功。妈妈要让孩子在与人竞争时，善于利用积极的心理暗示，来保持自己的必胜信心。

张楠的数学成绩一直很好。他有一个竞争对手，这次考试张楠因为失误败给了对手，这件事对他打击很大，使他的自信心打了很大的折扣。妈妈知道这一情况后，就让孩子每天早晨起来都对自己说一句话：我喜欢数学，我一定能打败他。

由于这种心理暗示，张楠又充满了学习信心。他上数学课更加积极主动，每天放学就预习、复习，有不懂的问题就主动去问老师。每次看到对手，他就暗暗给自己加油，告诉自己一定能够超过他。果然，第二次单元测试，他又跑到了对手前面。

当孩子碰到困难时，积极的心理暗示能帮孩子找回竞争的勇气和信心。让孩子多做正面的心理暗示，才能使孩子一步步走向成功。

3. 避免孩子拖拖拉拉

效率，是竞争中决定一个人胜负的关键因素之一。有的人因为拖拉而完不成任务，只好给自己寻找借口，甚至不惜编造谎言；有的人因为拖拉而越发懒惰，整天无所事事。这样的人，在与他人的竞争中自然无法占据优势。

所以，妈妈很有必要让孩子成为一个果敢而富有行动力的人。而改变孩子的拖拉习惯，还是要从自身做起。例如每天吃饭时，不要总是捧着报纸，或者盯着电视一动不动，而是应当快速地将饭吃完。打扫卫生时。也不要一会儿打个电话，一会儿看电视，而是应该在劳动完成后再做这些事。

当你在短时间内完成任务后，你还可以对孩子说："看，妈妈的速度快吧！要是不服气，下次咱们比赛！"这样的语言，会激起孩子的"竞争欲"，无形之中就提高了孩子的效率。

4. 通过游戏来加以改变

有的孩子喜欢游戏，所以，妈妈可以从这个角度入手，提高孩子的竞争意识。例如，妈妈可以与孩子进行体育比赛、智力比赛等，这些游戏能激发孩子进取心，让他感受到竞争的乐趣，从而变得积极主动。

当然,游戏玩多了孩子可能就会觉得没趣,所以,在某些时候,妈妈要给予适当的奖励来鼓励孩子的"胜利"。

以上这四种方法,都可以提高孩子的竞争意识,妈妈可以灵活运用。只要能够坚持下去,就能够培养孩子的竞争意识!

❋❋ 重视培养孩子安排时间的能力

"小华,赶紧做作业!"妈妈叫一声,小华才慢吞吞地拿书本。"小华,老看窗外干什么?"妈妈嚷一声,他才收回走神的心思,写上一两个字。妈妈火了,耐着性子跟他讲道理,他点头如捣蒜,回过头来还是老样子。

这样下去可不成,这位妈妈极力克制自己,告诉自己要冷静,和颜悦色地询问儿子。儿子吞吞吐吐地说:"假期还要做那么多作业,都没时间玩。""好,我们假期好好玩。"妈妈想了想,说:"来,我们签订一个协议吧。"

一番商量之后,协议如下:早上8点起床,晚上9点睡觉,每天下午4点去练习跆拳道,上午9点到11点半是学习时间,其余都是休息和玩耍时间。小华喜笑颜开:"学习只有两个半小时,玩耍时间好多啊!"

"我们一起安排假期作业,每天完成一定份额。如果提早完成就提早玩,你看好不好?"妈妈笑着说。"好啊,好啊!"小华更乐了。

"可是……如果你在规定时间里完成不了呢?"妈妈问他。小华看着妈妈,迟疑着不回答。"只好占用玩耍时间继续做喽……"妈妈笑眯眯地看着儿子说。小华想了想,终于点了点头。"咱们盖章吧。"妈妈伸出大拇指,小华也一本正经地伸出大拇指。

第二天10点半,小华从房间里出来了,乐颠颠地给妈妈看作业。"小子，行呀。这么早就完成了，而且字写得也不错。"妈妈表扬了他，他兴高采烈地跑去看电视了。连着几天，小华的表现都不错，看来协议起作用了。很明显，当小华觉得时间是自己的时，他就开始积极主动地去学习了。

尽管有关部门三令五申给学生减负，但现实中，不少学生并没得到真正的减负，就连课余时间都被安排满了。上海市少工委的一项调查数据表明，有 80% 的学生双休日及课余时间都在学习学科知识，没有自主支配的时间，学生只能在困惑和无奈中服从学校与妈妈的安排。

其实，孩子对许多事情都有自己的打算和想法，已逐渐学会自己安排时间和活动。对于妈妈的安排，孩子或抱怨或沉默，在妈妈觉得平静或很正常的表象下，其实已积蓄了孩子的叛逆心理。课余时间任由妈妈支配，剥夺了孩子的自主支配权，实际是对孩子的不尊重。只是教孩子如何尊重别人，而身为妈妈却对孩子不给予尊重，这样的言行不一，如何有利于孩子的身心健康？妈妈最好不要干涉孩子的正当活动。这是妈妈和孩子在权利与义务方面互相尊重的体现。

不过，自主并非意味着毫无目的、随心所欲、无拘无束。自主支配课余时间指的是孩子在课余时间里能够自己确定活动目标、制订活动计划，在活动中对自己的行为做自我监控、自我调节、自我评价。而由孩子自主安排时间的好处是显而易见的，具体如下：

1. 可培养孩子的个性

当前，我国各学校实行的基本都是班级授课制，来自不同地域而拥有不同文化背景、具有不同性格气质的学生来到同一所学校，坐在同一间教室，看同样的书，听同一个老师讲课，做同样的练习册，这种工厂车间模式化的"生产方式"暴露出来的弊端越来越明显。这种教学方式由于不考虑学生的兴趣爱好、学生原有的知识水平，一味采取灌输式的教学方法，抹杀了学生的个性，培养出千篇一律的学生。考虑到教育改革的渐进性和我国的教育现实，给孩子自主支配的课余时间将有利于培养孩子的个性。

在课余时间，孩子能根据自己的爱好特长，自我制订发展目标、制订学习计划，弥补学校班级授课制的不足。17 岁的女高中生郁秀就是这方面典型的例子，因为老师、妈妈给了她充分的自主支配课余时间的权利，她利用课余时间读了大量的书，到高三时草成了 20 多万字的《花季·雨季》，使自己的个性才华得到了充分的发展。

2. 可培养孩子的创造力

创造力是一个民族兴旺发达的不竭动力。学生是国家未来的建设者，学生时代是培养创造力的关键时期，而创造力的培养必须有一个较为宽松的环境。如果妈妈和老师课内课外都把学生盯死，事事时时都为孩子制订各种严密的计划，孩子一旦有不同声音就给一"闷棍"，这样的教育环境怎能造就一代新人？孩子如果长期习惯听命于教师及家长的安排，不学习安排、支配自己的时间，将按部就班，畏首畏尾，缺乏自主意识、独立思考能力和创新精神。伟大的生物学家达尔文，小时候放了学就奔向大自然，观察鸟兽美丽的羽毛，聆听昆虫动听的歌声，思考动物种类之间的关系。成年后他根据自己的发现，大胆地提出了进化论，否定了特创论、目的论和物种不变论，开辟了生物学和人类学的新纪元。如果当初小达尔文课后也被妈妈限制做这做那，今天做《名师指点》明天做《高考指津》，恐怕也就没有他日后的成就了。

3. 可培养孩子自立自强的品格

能否对自己的行为进行自我计划、自我监控是判别真自主与伪自主的重要依据。现今中国的孩子特别是城市的学生，大部分出生在优裕的环境中，再加上妈妈的高期望，一些孩子出生后，就被纳入了一整套的"精英教育计划"中，课内被"满堂灌"折磨个半死不活，课后还要参加妈妈安排的名目繁多的奥赛班、钢琴班、舞蹈班、书画班……学生没有自己的主见，似乎是为他人而活，从不考虑给自己做个计划，养成依赖的坏习惯，失去了独立的生活能力，有的碰到一点挫折就想到轻生。在一些大学，每年都有一些学生因为缺乏自主自理能力，造成生活学习的不适应而被勒令退学或留级。如果老师、妈妈还孩子自主支配课余时间的能力，给他们锻炼自立、自强的机会，可让他们日后能更快适应新的生活，接受各种各样的挑战，把命运牢牢掌握在自己手中。这其实是对孩子负责，是对人的生命的尊重，是人性的回归。

约翰·洛克说："学生兴致最好的时候，学习效率要好上两三倍，而强迫去学就要花费加倍的时间与汗水。"孩子在课余时间里按兴趣选择活动，获得轻松与愉悦，再以良好的状态回到学习中去，能得到最好的效果。况且娱乐并不等于玩物丧志，娱乐可以是阅读，可以是游戏，可以是打球、练乐器，这些都能促进学生身心健康地成长。在课余时间里，学生可以根据自己的兴趣与爱好选择娱乐、学习、休息等自己需要的活动，这是减轻其学习负担的好方法。

让孩子自主支配课余时间，是对人内在本质特征的尊重。马克思认为人的内在本质是自由、自觉。由大人支配孩子课余时间的恶果也许短时期内还难表现出来，真正的危机却发生在他们成人之后。当不再有人要求他们做什么时，当他们真正需要主宰自己的行动时，他们开始手足无措，显然，他们已养成了依赖别人的习惯，已缺乏自己做事的欲望、勇气与能力了。这是为孩子定下小时候看妈妈和老师眼色办事，长大后看领导脸色办事的规则，如此无主见的人生，就像雄鹰被拔掉了羽毛，

又何谈高飞呢？

　　爱因斯坦说，"人的差异产生在业余时间"。达尔文说，"我从来不认为半小时是我微不足道的很小的一段时间"。从这两位大科学家的话里，就可以看出他们是多么重视时间、珍惜时间，同时他们也都是运用时间的能手。

第10章

子不教，母之过：好妈妈要注意的教育心理

孩子成长到一定阶段，一系列"问题"就会接踵而来，妈妈总是不停地向心理教育专家发问："作为家长的我们，应该怎么办？"然而，值得我们思考的是：在孩子教育方面，妈妈应该注意哪些教育心理。

✿ 榜样定律：父母的言传身教很重要

父母的品德、人格对孩子有潜移默化的作用，会影响孩子今后的成长。如果父母的榜样出现了偏差，孩子的思想行为就会出现偏差。

甘地的母亲不爱说话，但她懂得用行动教育孩子。每到节日，她就带着小甘地到寺院去，寺院外面挤满了贫穷的人，他们在等待富裕人家的布施。

母亲把钱递给小甘地，再由他送到那些等待布施的人手中。甘地接过钱，不解地问："妈妈，为什么我们要把钱给他们呢？"

"孩子，救助那些需要帮助的人，是每个人都应该做的。"

"妈妈，可以用这些钱给我买玩具吗？"

"帮助别人是件大事，买玩具是小事，你愿意做大事还是小事呢？"

"当然是大事了。"小甘地很听话地把手中的钱送给了那些贫苦的人。当接受布施的人向甘地道谢时，小甘地内心充满了喜悦。母亲看到小甘地很高兴，又担心他会因此而自我陶醉，就对他说："孩子，当别人感谢你时，你千万不要居功自满，不能因为自己做了好事而骄傲。"

"为什么呢？"小甘地依然沉浸在快乐之中。

"因为帮助穷人是我们的义务，我们只不过是把我们从别人那里获得的东西还给别人而已，这没有什么值得骄傲的。"

在母亲身体力行的教导下，甘地学会了平和、谦逊，这些对他一生产生了巨大的影响。

身为父母，有一种与孩子沟通的好方法，不是整天唠叨着告诉他应该怎样做，也不是给他讲一些大道理。而是直接用行动与孩子沟通，这是最直接而且也是有效的方法。因为孩子是天生的观察家，父母的一举一动都在他的"监视"下，身为父母，千万不要以为自己能骗过孩子的眼睛，要求孩子做到时自己首先要做到。

对孩子来说，父母本身是一种教育因素，这种因素对孩子的影响往往是在无意之中发挥的，但这种影响作用也是最直接、最深刻和最持久的。所以，要想取得理想的教育效果，最为重要的就是父母要给孩子做好榜样。

苏联著名教育家苏霍姆林斯基曾说："父母自身的行为对孩子有重大的影响。不要以为只有你们同孩子谈话和教导孩子、吩咐孩子的时候，才是在教育孩子。在你们生活的每一瞬间，甚至当你们不在家的时候，都是在教育孩子。你们怎样穿衣，怎样跟别人说话，怎样表示欢欣和不快，怎样对待朋友和仇敌，怎样笑，怎样读报……所有这一切，对孩子都有很大的教育意义。"

所以，在教育孩子的过程中，如果父母时时、事事、处处以身作则，率先垂范，其一言一行就会成为孩子的榜样，这样，一方面可以提高和树立父母在孩子心目中的威信，另一方面也可以让父母牢牢地把握住教育管理孩子的主动权。作为孩子的第一任老师和效仿的榜样，父母的示范作用应该是全方位、立体化的。

心理学家调查显示，有一半的孩子有自己模仿认同的对象，而其中78%的孩子把自己的父母作为认同的对象。可见，父母是孩子心目中的英雄人物，如果不好好地扮演这个神圣而重要的角色，怎么对得起孩子的崇拜呢？

如果父母能够做到始终如一地严于律己，就会给孩子以耳濡目染、潜移默化的影响，也就会赢得孩子的信赖与尊敬，因为父母本身的言行就是一种实实在在的巨大的教育力量，会在孩子的性格、思想品德和行为习惯上留下深刻的烙印。可见，父母坚持以身作则、做好榜样在家庭教育中十分重要。

✱✱ 环境法则：什么样的水，养什么样的鱼

环境在一个人的成长过程中起着非常重要的作用。因为人不可能孤立在环境之外，他必然要在一定的环境中与各种各样的人或事打交道。在这样的过程中，人要受制于环境，环境境况如何，将直接对人产生影响。因此人们常说"近朱者赤，近墨者黑"。教育孩子尤其如此，因为孩子的社会经验很少，还没有自己独立的思想，正处于模仿的关键时期，更容易受到环境的暗示和诱导。

某幼儿园小一班，在中午用餐前，老师叮嘱幼儿用餐时要注意保持桌面干净，并让幼儿将骨头等放入盘中。用餐过程中，老师又多次提醒幼儿要注意保持桌面整洁。餐后，老师对吃饭干净的幼儿及时给予了表扬，对个别不注意卫生的幼儿给予了批评；保育员等幼儿用完餐后，将桌子擦干净。

一段时间后，小一班的幼儿用餐卫生习惯却不尽如人意。餐桌上到处是菜汤、米粒，吃过的骨头扔得盘子里、桌子上、地上到处都是。

小二班，幼儿用餐前的程序与一班完全相同。但在幼儿用餐过程中，保育员只要发现桌上脏了，就过去将桌子擦干净，并帮助幼儿将骨头等放入盘中。此时，老师对吃饭干净的幼儿及时给予表扬。

经过相同的时间，小二班的幼儿能将骨头等物主动放入盘中，当幼儿不小心将东西掉在桌上、地上时，能主动捡起放进盘里。

生活组织环节相似，为什么效果如此截然不同呢？小一班，保育员对

于最初弄脏桌面的幼儿没有及时制止，这无疑使弄脏桌子的幼儿受到某些暗示性的纵容，而其他幼儿在这样的氛围中会觉得：反正桌面已经脏了，再弄脏点也没有关系；而小二班，保育员随时擦桌子、帮助幼儿将骨头放入盘中的行为，对弄脏桌面的幼儿来说，是一种无声的批评。所以，在孩子的常规培养中，妈妈及老师要注意为孩子创设良好的环境，让孩子在良好的环境中受到潜移默化的教育，帮孩子养成良好的习惯。

那么，妈妈应该如何给孩子创造一个良好的生活环境呢？

1. 以平常心看孩子

现在的孩子多为独生子女，家长"望子成龙、望女成凤"的意愿强烈，造成了多数家长对孩子期望值过高的现象。这样做的结果往往会适得其反。其实，父母最重要的是努力培养孩子做事一丝不苟、尽心尽力的态度，对孩子，不应该盲目、强行要求，以平常心看孩子，孩子会过得更轻松、更愉快。

2. 制定合理的作息时间

妈妈应该尽可能制定一个家庭作息表，让全家都参与进来。妈妈不用担心过规律的生活会让孩子墨守成规，相反，他会在一个有节奏感的环境里健康成长，精力充沛。

3. 多与孩子交流、沟通

妈妈不要以"忙"为理由，减少了与孩子沟通的时间和机会。实际上，和孩子交流的机会很多，早上收拾东西的时候，准备吃晚饭的时候，和孩子简单轻松地聊聊今天发生的事，一起享受生活的乐趣。这样会让家庭环境更加轻松、和谐。

❋ 溺爱效应："错误的爱"，会让孩子窒息

很多妈妈都有这样一套理论：孩子是自己的"掌中宝"，怎么爱都不为过。甚至有的妈妈说，自己这一辈子就是为了孩子而活的，尽己所能地多做一些事情，让孩子轻松。

不可否认，这种舐犊情深的情感是人的本能的体现。但是，孩子毕竟要作为一个独立的人步入社会，假如一直受妈妈庇护的话，孩子又怎么能面对人生路上的风风雨雨？

"溺爱孩子根本不是爱，而是一种软暴力，实质是不把孩子当成一个真正的人。"这是一个享誉世界的心理教育家所说的一句话。通过溺爱本身，我们的确可以做出这样的论断：溺爱是一种失去理智、直接摧残儿童身心健康的"爱"，它会于无形之中摧残孩子的身心健康。

旭尧已经 6 岁了，但还是像个婴儿一样，自己的任何事情都要家人来帮忙。早晨，妈妈不仅要为全家人准备早餐，还得为旭尧穿衣服、叠被子、收拾和整理房间。对这一切，妈妈从来不觉得辛苦，因为全家只有这一个宝贝孩子。正像其他父母一样，妈妈恨不得为他包办任何事情。

有一次，旭尧与奶奶起了争执，因为奶奶说了几句他不爱听的话，他竟然挥手就朝奶奶身上打去。事后，奶奶并没有要求旭尧道歉，反而赔着笑脸哄孩子。在全家人的共同溺爱之下，旭尧变得越来越骄横，一点也不懂得尊重、孝顺长辈。

妈妈不要把孩子看作一个需要百般呵护的"宠物"。妈妈都是爱孩子

的，但并不是所有的爱都是恰当的。只有能把孩子当作一个真正的个体的妈妈，才是明智的。因为他们懂得，爱孩子首先就是让他用自己的翅膀去飞翔，摔了跤鼓励他，而不是禁止他继续往前走，更不能抱着他走。只有这样，孩子才会学会走路，学会独立，学会自由翱翔。

著名教育家卡尔·威特曾在他的著作中讲述过一个关于"治理"儿子乱写乱画的故事：

小卡尔在两三岁的时候，总喜欢在家里的墙壁上乱写乱画。他们没有任由小卡尔继续这样，而是进行了制止。可是，小卡尔依然常常趁大人不注意的时候在墙上画画。

有一次，小卡尔在墙上画画被爸爸发现了。他把画笔藏在身后，遮遮掩掩地不想让父亲发现。这时候卡尔·威特也假装不知道，并且问他："卡尔，你在干什么呢？"

接着，卡尔·威特让他去房间里想一会儿，过几分钟又把他叫出来问："卡尔，你为什么总喜欢在墙上画画呢？我为你买的那些画画专用的工具你不喜欢吗？"

小卡尔低着头反省了一会儿，说："我知道我错了，我不该在墙上画画的，这样就把墙面给弄脏了、不漂亮了，以后我用你为我买的工具画。"

听了孩子的话，卡尔·威特很欣慰。他知道，对于孩子，给予他无限的爱是没错的，但这份爱要分清对孩子是好还是坏。如果因为爱孩子，就允许他在墙上随便画，那样就会养成孩子不讲规范的坏毛病。而通过科学的方式，让孩子认识到该怎么做，不该怎么做，爱而不溺，这才是教育的目的。

俗话说，孩子是家长的镜子。问题出在孩子这里，而"病根"却在大人身上。不少妈妈从孩子年幼时就对他百般疼爱、百般娇宠，以为这是爱孩子最好的表达方式。然而事实上，这种方式非但没有换来孩子应有的回报，反而让他变得无情。而一旦给孩子立下规矩，将他的位置摆正，不再过度关注他，他反而会变得更加独立和通情达理。因此，作为家长就必须戒除对孩子的溺爱。具体来讲，妈妈可以通过以下几点来避免对孩子的溺爱：

1. 给孩子真正的爱

妈妈的爱，应该像孩子人生的灯塔，始终引领着孩子走向理想与成功的彼岸。

当孩子考试成绩不好时，妈妈应该指导孩子看到自己的优点，鼓励他们继续努力；当孩子获得成功时，妈妈应该及时发现孩子的不足，指引他们及时弥补并且再接再厉；当孩子不能完成某件事情的时候，妈妈应该鼓励他们再坚持一下，而不是为他们包办、替代一切等。

2. "自己的事情自己做"

在鼓励孩子"自己的事情自己做"的时候，妈妈应该多一点耐心和坚持。例如，教孩子穿衣服时，妈妈应该享受教育孩子的过程，坚持让孩子自己做自己的事情。另外，妈妈还应该根据孩子的年龄和能力水平，教会他们学会做适合做的事情。

3. 跌倒了，自己站起来

受妈妈溺爱的孩子，最容易产生依赖心理。最典型的，便是跌了一小跤，也总是期望妈妈过来扶一把。

当孩子跌倒了，妈妈不要急匆匆地跑过去扶他，应该首先鼓励他"自己站起来"。如果孩子真的摔伤了，妈妈当然应该立即过去扶，但是在日常生活中，孩子都是想通过撒娇来博得妈妈同情的。

4. 拒绝孩子的非分要求

日常生活中，父母对孩子"要什么，就给什么"，如果有一天，孩子要的东西妈妈给不起了，那孩子会做什么呢？

妮妮是家中的"小公主"，父母、爷爷奶奶都围着她一个人转。当她还是个娃娃时，妈妈抱着她一起去逛商场，她用小手指着哪个物品，妈妈都会毫不犹豫地将其买下来。

从出生到现在，妮妮的柜子里已经塞满了许多根本没有用过的东西，这些东西都是她向父母撒娇得来的"战利品"。她从来不会考虑自己是否真的需要，只是一味地要求父母满足自己突然产生的欲望，而父母从不拒绝。

当孩子提出的要求不合情理时，理智而聪明的妈妈应该立即拒绝，向孩子传递一个信息：如果你提出非分的要求，没有人会满足你。当然，如果孩子的要求确实合情合理，妈妈可以适当地满足。

❋❋ 温室效应："零"苦难让孩子"零"作为

不吃苦中苦，哪知甜中甜。苦是生活中的一份调料，是孩子健康成长不可缺少的营养素，妈妈没理由把苦弃之一旁。

现在的孩子真是幸福，要风有风，要雨有雨。很多妈妈对待孩子，存在一种共同的观点，就是再穷不能穷孩子。这话乍一听似乎不无道理，宁可大人吃点儿苦，也要让孩子穿得好一些，吃得好一些，绝不能苦了孩子，这有什么不对吗？当然，没有哪个妈妈不希望自己的孩子幸福，但是也不要让孩子在"温室"里长大，因为这对孩子将来没有任何益处。

俗话说得好：欲保小儿安，须有三分饥与寒。饥与寒就是让孩子吃点儿苦，如果孩子连一分饥与寒都体验不到的话，就如同温室的花朵，娇嫩、脆弱，势必妨碍他们的健康成长。

有一匹可敬的老马，带着心爱的小马在一片肥美、浓绿的草地上生活。小马似乎过腻了现在这种幸福的生活。一天，肥胖、慵懒的小马对父亲说："近来我的身体很难受，是这片草地的环境不好，让我受到了伤害。三叶草没有香味；水中混有泥沙；空气影响了我的呼吸。总之，除非我们离开这里，寻找新的草地，不然我就会死在这里。"

老马为了让小马受点儿苦，于是带着小马出发，去寻找新的家园。

经过几天的长途跋涉，小马又累又饿，已经前腿拖不动后腿了。

于是，老马又把它带回到原来的那片草地上。小马这才知道以前的生活是多么的美好。

从许多方面来看，现在的孩子生活比蜜还甜，但这样也使得他们缺乏吃苦的环境。对他们来说，吃苦的时间太少了。在艰苦生活中能自然而然形成的毅力、自理能力、责任感和技能，现在的孩子却并不容易养成。因此，做妈妈的就要创造一些机会，帮助孩子培养这些特质。

古语道："小亏不吃吃大亏，小苦不吃吃大苦。"孩子在小时候，吃一点儿苦，遭遇一些困难是好事。如果父母怕麻烦，而代替儿女做一些事情；如果父母怕孩子吃苦，而承担儿女的责任，虽然免掉了孩子的哭闹与纠缠，但却剥夺了培养他们良好品格和发展自我能力的机会，这就是很大的危害了。

"天将降大任于斯人也，必先苦其心志，劳其筋骨，饿其体肤，空乏其身，行拂乱其所为。"妈妈不管希望孩子将来做什么，都要从小培养孩子的吃苦习惯，如果以为多给孩子方便，少让孩子吃苦，就是爱孩子，那么只会过早地抹杀孩子的拼搏精神和创造能力。为此，妈妈该怎么做呢？

1.让孩子穿着朴素

让孩子吃点儿苦，就是让他穿得朴素点儿。妈妈一定要让孩子在穿着上养成干净朴素的好习惯。不要让孩子染上那种穿名牌、用名牌的攀比习惯，不然，会使他形成不良的消费习惯和高人一等的偏见心态，不利于同其他孩子的合作与交流。

2.让孩子参加"吃苦"夏令营

参加"吃苦"夏令营，时间虽然不长，但却可以影响孩子的一生。在夏令营中让孩子离开家长的保护与照顾，独自面对艰苦的奋争与跋涉，经历无情的坎坷与挫折，有助于培养他们团结、合作、为别人着想的理念和永不放弃的精神。

3. 让孩子到农村体验生活

许多城市里的孩子根本没有去过农村，也不知道农村生活是什么样子。妈妈可以利用周末或假期，带孩子到农村去，参加农业劳动，体验艰苦生活，这或许是"吃苦"教育中最值得提倡的一个教育方法。

我们要把下一代培养成创业者、接班人，而非败家子、寄生虫。创业都是艰辛的，吃点儿苦也是利多弊少，人生无坦途，家长尚且不敢保证生活永远如此富足，养尊处优惯了的孩子又将如何面临逆境，应对不测呢？为了孩子的将来，让孩子吃点儿苦吧！

✿✿ 超限效应：每个孩子都讨厌唠叨的父母

心理学上有一种现象叫"超限效应"，指的是人体在接受某种刺激过多的时候，会出现自然的逃避倾向。也就是说，一个人在受到外界刺激过多、过强或作用时间过久的情况下，如果超过了合理的限度，他就会极不耐烦或产生逆反情绪。超限效应在家庭教育中时常发生，比如孩子要上学，外面刮风了，父母就反复劝说孩子要多穿衣服，起床时说，吃早饭时又说，孩子出门时还说。这会让孩子觉得大人非常啰嗦。实际上，父母过分的叮咛，不但不能起到预期的效果，反而会因为过于唠叨而使孩子产生"超限效应"，感到腻烦而听不进去，或者因为听得太多，人已经麻木了。

萍萍是一个可爱的小女孩，今年读三年级，不过近来她越来越烦恼，原因就是妈妈太爱唠叨了。

每天一大早，她就开始唠叨："都什么时候了，快点起床，再不起床要迟到了！"吃早餐时接着唠叨："时间不早了，快点吃，再慢吞吞地就赶不上上课了。"晚上放学回家，想看看自己爱看的动画片，妈妈又开始唠叨上了："还看电视！作业做完没有，你不用复习吗？"有时候，放学回家晚了点儿，妈妈就会问："今天怎么这么晚才回来，一个女孩子这么晚了在路上走，是很危险的。"

有一次，萍萍由于考试没有考好，在学校挨了老师的批评，心里本来就有些烦闷、压抑。一到家，妈妈就开始啰嗦："这次考试怎么考得这么差，一定要用心啊，少壮不努力，老大徒伤悲，好好努力，省得以后后悔……"听到妈妈啰嗦个没完，萍萍实在是受不了了，头脑发涨，不顾一切地喊道："你怎么这么烦，不就一次没考好吗？至于这样吗？"然后马上跑回自己的房间，"砰"的一声把门给关上了。

只留下妈妈愣在客厅里。

妈妈之所以会唠叨，一般都是因为孩子小，对他们不放心，怕他们做不好，以为唠叨可以约束孩子，提醒他们免出差错。但是，我们没有注意到，没完没了的唠叨是令孩子最反感的事。只会让他们产生自我保护式的逆反心理，消极对抗、沉默不语，或者干脆与妈妈针锋相对。因为妈妈反复地唠叨，会伤害孩子的自主性和自尊心，更何况这又直接抵触孩子日益增长的成人感。因此，妈妈在教育孩子时一定要注意"度"，要采用合理的教育方法，不要过于唠叨，而招致孩子的怒气，这样反而达不到应有的教育效果。为此，妈妈应该这样做：

1. 犯一次错，只批评一次

孩子犯了错以后，我们批评时一定要注意度，坚持"犯一次错，只批评一次"。如果妈妈一次、两次、

甚至三次、四次，重复对一件事做同样的批评，会使孩子从内疚不安转变为不耐烦，最后反感至极。

如果我们实在是有必要再一次批评孩子，也不应只是简单地重复，最好是换一个角度、换一种说法，这样，孩子才不会觉得同样的错误被妈妈“穷追不舍”，也才不至于感到厌烦。

2. 突出重点，只说一遍

我们对孩子说事情的时候，一定要突出重点，挑选有分量的话讲一遍即可，不要对孩子反反复复地唠叨个没完，如果我们还不能确定孩子是否都已经记住我们所说的话，可以再给他解释一下其中的要点。要知道，在大多数时候，唠叨是不动听的，说得太多反而起不到好的效果。

因此，当我们要嘱咐或提醒孩子做什么，就直接告诉孩子：“你听好了，这话妈妈只说一遍。”这样，可以让孩子在心理上重视起来，那么他们也就会集中注意力来听后面要说的话。我们也不用一而再、再而三地在他们面前唠唠叨叨了。

包庇效应：树小不修剪，树大也难长直

孩子犯了错，包庇和袒护便是纵容与认可，会使孩子误以为自己的行为没有错，从而在错误的路上越走越远。

刘浩明从小就很调皮，因为他个子高，块儿头大，所以常常欺负邻居家的小朋友。对于儿子的行为，父母不以为耻，反以为荣。

因此，当其他父母带着“负伤”的孩子前来兴师问罪时，刘浩明的父母都只是敷衍了事地说：“孩子之间玩闹，都难免的，我们家刘浩明也不是故意的。这样吧，医药费多少钱，我们来掏。”于是，等那孩子和他的父母

走了之后，刘浩明便会不屑一顾地吐吐舌头，根本没有意识到自己犯了错。

更过分的是，有时候刘浩明跟其他小朋友打完架，回到家后告诉爸爸打架的全过程，将自己描述得十分"英勇善战"，爸爸居然会摸着他的头表扬他："我儿子太棒了，以后不会有人敢欺负你了。"听完爸爸的话，刘浩明更是得意扬扬。

于是，他犯的事儿一天比一天大，直到有一天派出所打来电话："请问是刘浩明的家长吗？你家孩子打伤人了，请来派出所一趟。"

父母包庇、祖护孩子，是天性使然，但是从孩子的长远发展来看，父母的包庇和祖护却只能带给孩子一时的安宁，难保孩子长期的安全，甚至可能严重影响孩子正确的人生观和价值观的形成。而且父母对孩子的包庇和祖护，很可能让他以为父母认可和赞赏自己的错误行为，从而更加肆无忌惮地"一错再错"。

在中国现代家庭中，父母一味对孩子的错误进行包庇、祖护并不鲜见，甚至在孩子犯下重大罪行时，父母依然义无反顾地选择包庇，期望帮助孩子逃避法律和社会的惩罚。

有这样一个真实案例，某村小卖部的女老板被人残忍地杀害在家中。办案人员抽丝剥茧，终于找到了真凶，分别是3名未成年人，两个14岁、1个仅12岁。为了抢女老板的钱去玩游戏，他们犯下了滔天罪行。回家后，他们的父母发现了孩子的异常，并且得知了真相。于是，3个孩子的父母聚会，开始筹划如何包庇3个孩子。1个孩子的母亲帮孩子洗干净了血衣，另1个孩子的父亲教他"能躲就躲"，还有1个孩子的妈妈告诉他如何应对警察……最后，不仅3个孩子进了看守所，连他们的父母也因"包庇罪"而锒铛入狱。

在这3个孩子犯下这些罪行前，他们肯定已经无数次犯下不少错误，但是一次次的包庇和祖护，终于使孩子走向了完全的堕落，坠入了罪恶的深渊。虽然父母不应该总是严厉批评孩子无意犯下的一些错误，但是包庇和袒护却是另一个极端。宽容孩子并不等于包庇孩子，而原谅孩子的过错，也不代表袒护孩子。当孩子做错事情时，父母至少应该让他们知道，这个行为是错的，下次不能再做。父母一味地袒护会误导孩子，让他以为自己没有做错，这才是真正危害孩子的做法。

因此，当孩子做错了事情时，妈妈一定要采取正确的方法来对待，不宜过于严厉苛责，更不能一味地包庇、袒护，而应该让孩子从内心里意识到自己行为是错误的，并且能够有意识地督促自己不再犯相同的错误。

包庇、偏袒孩子的错误，会使孩子在通往地狱的路上越走越远，而及时指正孩子的错误，可以帮助孩子重回天堂。那么，妈妈应当如何做呢？

1. 及时发现孩子的错误

孩子刚刚犯错误的时候，他们内心的悔意比较重，此时妈妈若能及时发现他们的错误，并且有针对性地进行教育，往往能给孩子留下深刻的印象，因此教育效果也最好。

在平时的生活中，妈妈应该多留意孩子的一举一动，尤其是一些异常的举止如突然变得沉默，从孩子的话语以及语气中，观察他们内心世界的变化。

2. 启发孩子反思自己的行为

当孩子犯了错误时，妈妈不应该急于责备，而是让他意识到行为的错误，例如孩子偷了别人的东西，妈妈应该引导孩子将心比心，想想如果被偷的是自己，心里会怎么样，是不是会很讨厌这个小偷，等等。

3. 平时不宜过度迁就孩子

在平时生活中，父母过度迁就孩子，往往难以在他们犯错的时候，及时惩罚或者批评他们。而且，过度的迁就，容易让孩子变得肆无忌惮，更加纵容自己犯下一个又一个错误。

因此，在平时的生活中，父母不宜过度迁就溺爱孩子，该批评的时候就批评，例如孩子只爱吃零食，不肯好好吃饭，父母不应该看到孩子的眼泪就心软，而一再地迁就他们不合理的要求。

✵ 霍布森效应：勿用别无选择的标准来约束孩子

有个英国商人霍布森做贩马生意，他把所有的马匹放出来任凭挑选，但是有一个条件，就是只许选最靠近门边的那匹马。很显然，这个条件等于说没有什么挑选的余地。这种无选择余地的所谓"选择"，后人讥讽为"霍布森选择效应"。

"霍布森选择效应"启示我们：如果一个人陷入"霍布森选择效应"的困境，就不可能进行创造性的学习、生活和工作。这该如何理解呢？

如果家庭教育者用别无选择的标准来约束和衡量孩子，必将扼杀孩子多样化的思维，从而也扼杀了他们的创造力和想象力。

浩南是一位二年级的小学生，他从同学那里借了本杨红樱的小说，读得非常过瘾，便让妈妈给自己买几本回来。看到儿子想读书，浩南妈妈自然是非常高兴，下了班就直奔书店。

可是，当浩南妈妈看到琳琅满目的图书时，想了想认为，在阅读这件事上，孩子应该多读些经典的东西，于是便自作主张地为孩子买来了《论语》《孟子》等古典名著，而且还买了《钢铁是怎样炼成的》《安娜·卡列尼娜》等外国名著。

然而，当浩南看到妈妈带回的这些书后，反倒一脸的沮丧，读了几页就读不下去了，最后不高兴地说："我要买杨红樱的小说。"但是妈妈却说："读那些书有什么用啊，还是读妈妈买的这些经典书吧，既长知识又有趣。"

可是，无论妈妈怎么说，浩南依然提不起兴趣，刚刚培养起的对阅读的那么点热情，这么一下子就消失不见了。

阅读书籍就得依据个人的兴趣爱好来选择，妈妈可以辅助挑选。在帮助孩子挑选书籍的时候，不要根据自己的判断为孩子选择图书，更不能强迫孩子，否则会适得其反，打击他们的热情。

然而，很多家长之所以这么做，是因为他们忽视了孩子的成长空间。什么是孩子成长的空间？一定程度的自我选择权利、探索体验未知世界的权利以及犯错误进而反思的权利就是孩子的成长空间。

不过，很遗憾，很多"望子成龙、望女成凤"的家长常常以完美的标准急切地要求孩子，常常习惯于将自己的意志强加给孩子，甚至认为孩子小不懂得如何选择，等孩子长大了自然会明白自己的一片苦心的。

事事都为孩子，"亲力亲为"，实际上只会忽略和违背孩子的成长规律。妈妈应该将最后的选择权交到孩子的手上，在必要的时候提出更合适的意见。不给孩子选择权，当孩子以后必须自己做决定的时候，也就失去了选择的能力。

尊重孩子，就得放手，给孩子自由选择的权利，以下是几条建议，它会告诉你如何给孩子一个真正属于自己的空间。

1. 在日常生活中教会孩子选择

放任孩子选择自由，不是对孩子的选择不管不顾，而是教会孩子如何选择。可以借日常生活中的一些小事，培养孩子自主选择的能力。比如，要问问孩子喜欢穿什么颜色的衣服，而不是因为你觉得好看就一定逼着孩子选什么颜色衣服；问问孩子对什么感兴趣，而不是妈妈觉得哪个技能有前途就一定让孩子报什么辅导班。日常生活中，妈妈经常给孩子选择的机会，培养孩子一些自己做主的意识。

2. 不要把孩子管得过细

不要把孩子管得过细，孩子力所能及的事情就放手让孩子干，过于呵护孩子极易导致对孩子管得过严、过细，让孩子对父母产生越来越严重的依赖性，时间久了，即使父母想让孩子自己对一些事情做出选择，他也不会了。所以，妈妈要趁早让孩子学会"自己走路"。

3.让孩子在体验中成长

妈妈可以给孩子提供一些建议，但是在一些事情上，妈妈可以不给孩子太多建议，而是让他们自己去体验、比较，在这整个过程中，孩子会获得自己的体验，慢慢学会如何选择。

总之，妈妈要懂得尊重孩子的个性、人格与兴趣，使孩子有充分发展的空间，所有的一切都是为了孩子以后能更好地成长。

✳ 诚信法则：避免给孩子开"空头支票"

中国历来推崇"一诺千金""一言九鼎"的美德，可见诚信的重要性。而妈妈作为孩子的第一任老师，更应该以身作则，培养孩子诚信的好品质。

若蝶像往常一样按时回到家。她换上脱鞋，从书包里拿出一张成绩通知单，然后朝着厨房里的妈妈喊道："妈妈，发成绩单了，老师说要家长签字。"

妈妈急忙放下手里的活儿，来到客厅，拿起成绩单一看：又是一个双百分。她摸摸女儿的头，正打算返回厨房继续忙活儿。突然若蝶叫住了她："妈妈，你忘记答应过我什么了？"

原来妈妈答应若蝶，如果她考双百分，就带她去丽江旅游。妈妈有些为难地说道："下次吧，你看爸爸妈妈这阵子都很忙。"

若蝶装作无所谓的样子，耸了耸肩膀，说道："你们已经说过至少10个下次了，我等不起了，还是以后自己赚钱去吧。"

其实孩子虽然小，但是他所经历的每一件事情，都是他记忆中最初的体会与感受，也是最让他难以忘记的深刻经历。如果妈妈不遵守对年幼孩子的承诺，无疑是让孩子以为"遵守诺言是得不到好结果的""我们不必非得遵守自己的诺言"。这种"身教"，将把孩子引向歧路，无益于孩子诚信品质的培养，也使孩了以后难以顺利地发展自我、适应社会。

不遵守对孩子的承诺，将会降低在孩子心目中的权威。孩子心目中会形成这样的印象：妈妈说话不算数，因此她们说的话不可信。妈妈权威的丧失，是家庭教育失败的危险信号。当孩子不再以妈妈为榜样，不再视妈妈为权威，又怎会接受妈妈的指教呢？

不遵守对孩子的承诺，还会加剧亲子之间的冲突，扩大亲子之间的矛盾，无益于良好亲子关系的建立。没有人愿意与一个"说话不算数"的人打交道，更没有孩子愿意与不守承诺的父母交流，更谈不上做朋友了。

"信用就像一面镜子，只要有了裂缝，就不能像原来那样连成一片。"因此，妈妈应该保持亲子关系的信用之镜，严格遵守对孩子的每一个承诺。"一言既出，驷马难追"，妈妈对待孩子时，遵守对孩子的承诺尤为重要。具体应注意以下几点：

1. 认识到信守承诺的意义

信守对孩子的承诺，到底有没有必要呢？许多妈妈从内心里认为是没有必要的，因为她们没有意识到信守对孩子承诺的意义，这使得她们可以随口向孩子承诺，甚至因为一件极细微的事情而忽略掉对孩子的承诺。

因此，妈妈应该多学习家庭教育的知识，了解孩子身心发展的特点，明白信守对孩子的承诺，不仅体现了妈妈的权威与榜样，更是对孩子诚信品质的最初奠基与教育。

2. 失信时一定要真诚、及时地道歉

妈妈偶尔一两次的失信，也不是不可原谅，因为生活中可能遇到各种各样的问题，失信有时也变得不可避免。此时，应该真诚、及时地向孩子道歉，以重建孩子对自己的信任。

一般情况下，对于可能失信于孩子的事情，应该能推就推，而对于那些不能推的事情，应该首先采取最快的方式告知孩子，真诚、及时地道歉，例如出现了突发事件，可以先给孩子打电话，解释一下情况，然后向孩子

道歉，请求他的原谅，如果可能，就具体约定弥补的时间。

3. 不要随口给孩子承诺

一般来说，孩子是比较重信用的，对于自己答应过的事情，也会努力争取做到。正是因为这一点，有些妈妈经常为了哄骗孩子做些事情，常常随口给孩子承诺。等到孩子做完事情后，妈妈又不能信守自己的承诺。

在平时的生活中，妈妈不应该为了哄孩子去做某件事情，例如好好学习、取得前五名等，而随口承诺那些不可能办到的事情或者很难办到的事情，如请 ×× 名师、去同外旅游等。当承诺不能兑现时，将会对孩子产生难以弥补的伤害。

4. 别总对孩子说"下次"

在平时与孩子的交往中，妈妈不要总是拿"下次"来搪塞。既然答应孩子，就应该努力实现自己的诺言，逃避责任的做法，只会让孩子失去对妈妈的信任。

☆☆ 攀比效应：不拿自己的孩子与别人的孩子比

大家都知道盲目地"攀比、炫耀"是一种不健康的行为，家长当然希望孩子不要沾染此恶习。然而今天的父母望子成龙心切，因此，他们总是拿自己的孩子与别人家的孩子做比较，让孩子从小就有一种"隔壁家的孩子多聪明，自己永远不如别人"的自卑感。相信这样的语言，无论孩子还是父母都不陌生。

家长说这些话无形中增加了孩子的自卑感，"比"得孩子灰心丧气，也把孩子的进取心和自尊心"比"没了。很多孩子的不良行为，如厌学逃课、打架、离家出走等，很大一部分就是孩子不堪忍受家长的"比"所导致的。

让我们来看下面这个因为攀比而发生的案例：

乔乔今年上小学三年级，学习成绩特别好，又弹得一手好钢琴，很受老师们喜欢。她和邻居家的艾艾是非常要好的朋友，两人从小就在一起玩，现在又在同一个班级。艾艾也是个很优秀的孩子，学习成绩和乔乔不相上下。两家的家长经常拿两个孩子做比较，每次考试哪个孩子考得好一些，家长也会觉得脸上有光。

上次期中考试公布成绩的那天，乔乔放学后开开心心地跑回家，和妈妈说："妈妈，我这次期中考试考了第四名，老师表扬我进步了。"

乔乔的进步，让妈妈非常很高兴，做了一顿丰盛的晚餐。晚饭后她去了艾艾家，和艾艾妈妈聊起这次考试，她说："我们家乔乔最近进步特别大，这次考试考了第四名。孩子懂事咱们家长也省了不少心啊！对了，艾艾最近表现怎么样？这次考了多少名？以后可以让孩子们去我家一起做作业，互相帮助嘛！"

艾艾妈妈笑着说："乔乔进步很快啊！我们家艾艾这次也超常发挥了，考了第一名。对啊，以后让两个孩子一起做作业吧，这样也能让她们共同进步，比赛着学习。"

谁知道，听完艾艾妈妈的话，乔乔妈妈脸色立刻就变了，待了一小会儿就匆匆忙忙回家了。回到家后她气呼呼地训了乔乔一顿："你怎么这么不争气！考了个第四名还好意思骄傲。都同样是学习，你看看人家艾艾，平时她成绩还不如你呢，怎么人家这次就考了第一？看看艾艾妈妈那得意的样子，下次一定超过她，记住了吗？"

乔乔眼泪汪汪地点了点头。不过从这以后，她似乎变得不爱说话了，也不愿意和艾艾在一起玩。就这样，一个原本活泼可爱的孩子，变得无比忧郁。

我们总是以"一切都是为了孩子好"而自居，却不知道孩子自己心里的想法。有时候家长无心的一句话、一个举动，就会深深地伤害到孩子的自信和自尊。像案例中的乔乔，心理能健康地发展吗？

诚然，我们生活在一个充满竞争的社会，为了家庭、生活、亲人，我们不得不与人竞争，受外界压力影响，总会有感而发捎带上孩子。这样做，从根本上说，是在慢慢摧毁孩子的自信心，不断做出自我否定，给自己消极的心理暗示"我什么都比不过别人""我很笨"，缺乏自信的孩子最终会失去自信，导致一生碌碌无为。

每个孩子都有优点和长处，不要总是在孩子面前说别人家的孩子怎么优秀，又反过来斥责自己的孩子怎么愚笨，这只能导致孩子越来越消极，越来越没有信心。

想要避免因为比较而导致孩子自信心丧失，那么我们就要做到以下这两点：

1.保持一颗平常心

想要杜绝"攀比孩子"，父母不要想着"比"，用一颗平常心来对待孩子暂时的不足，对孩子多一些鼓励，多一些赏识。这样，孩子的进步反而会更加明显。

妈妈应该客观地看待孩子的成长过程，停止对孩子进行比较，关注孩子的每一个细微的进步，多发现孩子的优点，这样会让孩子更自信，亲子关系也会更融洽，更有利于孩子的健康发展。让孩子明白，只要他尽力了，他就是妈妈心中的好孩子。

2.看到孩子的进步

妈妈应该学会全面看问题。比较有两种，一种是横向比，一种是纵向比，看孩子的进步，不仅要横向地看孩子和其他孩子的差距，更要纵向地看孩子比以前取得了哪些进步。家长不能用学习上的进步来牺牲孩子的成长，盲目攀比的结果是孩子个性的消失，甚至是个性的扭曲。

让孩子学会竞争固然重要，但还是少拿其他孩子与自己的孩子比较吧！这样做，既能保护孩子自尊心，又可以让你的家教轻松许多。妈妈要明白，每个孩子的性格和特点都是不同的，这种差异未必就是差距。只要孩子付出了努力，妈妈就不要对孩子过于挑剔，这样的教育就是成功的。

✱✱ 遮丑效应：不要无视或者夸大孩子的缺点

家长总希望自己孩子能十全十美，但是爱孩子不能连孩子的缺点也一起爱。有些家长一听到老师或是别人指出自己孩子不好的地方，就不高兴，觉得丢了面子。对孩子的缺点视而不见，其实是对成长中的孩子一种甜蜜的"宠杀"。

家长对孩子满是欣赏，对孩子的缺点却选择"视而不见"，最终只能害了孩子。

玲玲特别喜欢睡懒觉，每天都是被妈妈喊醒后赖着不肯睁开眼睛，等实在没办法了才急匆匆地起床，连早饭都顾不上吃就上学去了。

有次上学迟到了，老师问玲玲妈妈怎么回事，玲玲妈妈闲着说："这孩子就是随意些，想多睡会懒觉，这不就起晚了一次，其他的没什么。"老师听了玲玲妈妈的解释也没过多地说什么。

妈妈心疼玲玲，怕她睡不好，所以，总是由着她贪睡下去，觉得孩子随意一些也没什么，为了让孩子多睡一会，孩子甚至都来不及吃早饭。然而，最近玲玲越来越消瘦，还总是肠胃不好，妈妈带着她去了医院。医生检查后，发现这是由玲玲爱睡懒觉、不吃早饭引起的。

其实，遮丑护短是父母爱孩子的一种错误方式。有些妈妈对自己孩子的优点、长处、进步总是赞不绝口，到处向别人夸耀，生怕人家不知道；相反，对孩子的缺点、过失或错误，却视而不见，充耳不闻，听之任之，有时同学、老师指出来，父母还替孩子遮遮掩掩。

　　孩子既有优点也有缺点，对待孩子当然要以正面教育为主，当孩子有进步时，应当及时给予表扬和鼓励。但是，当孩子有缺点时也应正视，给予批评，晓之以理，促使其纠正。对孩子的错误、缺点、过失不予正视、漠然处之，就等于默许。不接受批评教育，孩子认识不到其危害，缺点不能克服，就不能进步。如果家长有意掩饰，孩子更会有恃无恐，实际上就是助长其缺点、错误和过失，弄不好会酿成大错。

　　妈妈无视孩子的缺点的做法是不对的，但是有些妈妈对孩子的缺点进行挑剔和夸大也是不可取的。

　　中国青少年研究中心副主任、研究员孙云晓指出：“成功父母与失败父母的区别是，前者将孩子对的东西挑出来，把他的优点挑出来，而不明智的父母，一眼就看到孩子的缺点。”“人有八种智能，而学习好的人，只是语言智能和数学智能较好，而不同的人的优势是不一样的。只要父母用心观察，就一定能够发现孩子的优点。”

　　但是在生活中，有些父母总是寻找、放大孩子的缺点，拿孩子的缺点同其他孩子的优点相比较，说别的孩子这也好那也好，对自己孩子表现出来的一些优点熟视无睹，对孩子的缺点却是不依不饶。

　　美国成功教育学家拿破仑·希尔曾经说过：“每个孩子都有许多优点，而父母恰恰相反，他们总是盯着孩子的缺点，认为，管好孩子的缺点，才能让孩子更好地成长。其实，这样做就像蹩脚的工匠，是不可能造出完美瓷器的。”

　　其实，每个孩子都具有自己的短板和长板。功课不好，可能对音乐有敏锐的感觉；想法怪异，而富有丰富的想象力。对于这样的孩子，就应该夸奖他唱歌唱得好听、想象力丰富。这样，本来在学习方面有欠缺的孩子，就不会认为自己没用，就会由此及彼地恢复信心，不仅对唱歌，对读书也会产生兴趣。

　　有一位妈妈，儿子期中考试在全班排倒数第二名，在家长会上，老师说了她儿子的许多短处，希望家长配合教育。

儿子就等在学校门口，一散会，儿子就上前问妈妈："老师怎么批评我了？"

妈妈想了想说："老师并没有批评你，他说你的脑子并不笨，只要努力很快就会赶上去。"果然，这个孩子在期末考试就赶到了中游。

由此可见，孩子的可塑性是很强的，将孩子的缺点转化为优点也是可能的，关键在于妈妈是否采用科学的教育方法。那么，怎样用正确的方式对待孩子的缺点呢？

1. 和孩子进行心灵沟通

当直接指出孩子的缺点时，一般来说孩子都会有逆反心理。这时妈妈也不必烦恼，应该与孩子相互沟通，坦诚地告诉孩子，提出改正的意见。妈妈要站在孩子的立场上去思考和行动。对于孩子来说，通过彼此真诚的沟通，孩子就会明白妈妈要让他做什么，并懂得为什么要做的道理。这样的沟通会使他们对妈妈产生信任感，会更加理解妈妈的良苦用心。

2. 不在别人面前讲孩子的缺点

有些妈妈的眼睛总是盯着孩子的缺点，并不断地重复孩子的这些缺点，这样不但不利于孩子形成良好的行为，反而不利于孩子的成长。比如：有的孩子有偏食的毛病，妈妈为此非常着急，希望孩子改掉，逢人便说："这孩子只吃鱼、肉、蛋，蔬菜不沾边……这可怎么办呢？"其实，在别人面前当着孩子的面数落孩子的缺点，会给孩子的心灵造成很大的伤害。

因为，孩子到了一定的年龄，就会觉察到自己的缺点，尤其是上了小学之后，对于自己所知悉的缺点，更会产生一种强烈的心理："自己家人知道还没关系，但绝不可以让别人知道。"所以，妈妈不要忽略孩子这种微妙心理，在人前指出孩子的缺点，就如同让孩子在大庭广众之下暴露自己的身体一样，孩子会感到非常难堪，从而造成孩子自惭形秽的心理。

3. 欣赏孩子的优点，接受孩子的缺点

"金无足赤，人无完人"，每个孩子都会有这样那样的不足，这就要求做妈妈的要学会善于发现孩子的优点，让孩子在自信中成长。面对"坏"

孩子，更需要竭力去找他们的闪光点，哪怕是沙里淘金，哪怕是微不足道，都需要发自内心地去赞扬、鼓励和引导他。

如果妈妈能以一颗诚心、爱心去正确对待孩子的缺点，有意识地用潜移默化的方式，耐心、细致地去引导，孩子的缺点才会转化为优点。